おやつは
うちで
作るもの

有元葉子

東京書籍

はじめに

　私が子どもの頃は、朝の10時は庭仕事をしている父の一服する時間で、ほうじ茶か緑茶を縁側で一服飲んでまた庭仕事に戻る。午後の3時は本格的なお茶の時間で、家族ばかりでなくご近所さんもご一緒のお茶の時間。午後のお茶はお抹茶で、お作法抜きであぐらをかいてのティータイム。私がご近所さんに「お茶の時間ですよー」と呼びに回る係でした。お菓子は家の近くの和菓子屋さんから調達。お茶の時間は我が家には欠かせないごく当たり前の時間で、「お茶にする?」が誰いうことなく出てくる決まり文句のようで、一服ばかりしていたような日常生活でした。

　私が家族をもったときに始めたのが、おやつ作り。専業主婦でしたから、子どもたちの下校時間には必ず家にいますし、子どもが学校から帰って玄関を開けたらプーンとお菓子を焼くいい匂いがするといいな、と思ったからです。

　それまではお抹茶と和菓子の世界で、洋菓子の作り方はまったくわかりませんでしたので、お菓子の基本は先生に教えていただきました。心に残るのは宮川敏子先生。お菓子に生涯を捧げた方です。うちのおやつ作りには宮川先生の名残が随所に見られます。カスタードやスポンジケーキ、バターケーキなど基本中の基本はすべて宮川先生の教えがベースです。基本を押さえた上で、自分や子どもが好むスタイルになりました。

　おやつとはいえ、基本は守ります。まず、道具をきちんと揃えること。道具と仕事台を清潔にきれいにすること。よい素材を選ぶこと。そして、オーブンを使うなら前もって温めておくこと。下準備の心構えは、お料理と何ら変わりませんね。

　そして一番大切なのは、子どもたちの顔を思い浮かべながら、なんだかウキウキ楽しく作ること、でしょうか。

　外では食べられないパリ・ブレストを自転車の車輪ほどのサイズに作って、好きなだけ食べたり、習いたてのりんごのパイを上手に作れるようになりたくて毎日焼いて、「もういらない」と子どもに言われ、そのあとはあちこちの近所の方に配ったのもよい思い出です。そのおかげか、ご近所の方々とも仲よくなり、引っ越したあともおつき合いは続いています。大きな天板で薄いスポンジケーキを何枚も焼いて重ね、ショートケーキを作って子どものクラス全員を招いた誕生会をやったことも私の思い出ばかりでなく、今でも子どもの友達の間で話題になるそうです。スポンジケーキと生クリーム、フルーツを別々の大鉢に盛り、自分で好きなだけ取り分けて食べる我が家流ショートケーキは、うちならではのおやつの定番です。

　プロのパティシエではなく、素人のうちのおやつには、ピシッと仕上がっていなくても、記憶に残るウキウキした楽しさがあります。お菓子の出来不出来ではなく、その楽しい幸せな記憶なのだと思います。私が楽しんで作っていたおやつが、子どもばかりでなく大人にとっても、よい思い出になっているのは何よりもうれしいことです。

有元葉子

c o n t e n t s

- 計量単位は1カップ＝200㎖、大さじ1＝15㎖、小さじ1＝5㎖です。
- ガスコンロの火加減は特にことわりのない場合は中火です。
- オーブンの焼き時間は目安です。
  機種によって多少差があるので、様子をみながら加減してください。
- オリーブオイルはエキストラバージンオリーブオイルを使います。
- 粗塩はゲランドの塩を使っています。
- メープルシロップは透過度の高い
  ゴールデン（デリケートテイスト）を使います。
- メープルシュガーはパウダータイプを使います。

おやつの定番

メレンゲ入りのパンケーキはふんわりとして軽く、やさしい食感。
上手に作るポイントは、よく泡立ててしっかりとしたメレンゲにすること、
メレンゲの泡をつぶさないようにふんわりと混ぜること。
生地感を楽しみたいから、温かい溶かしバターとメープルシロップをかけて
シンプルにいただくのが最高です。

ふんわりパンケーキ

材料 4~5枚分
卵黄 2個分
牛乳 30mℓ
薄力粉 30g
ベーキングパウダー 小さじ⅓
メレンゲ
┌ 卵白 2個分
└ グラニュー糖 大さじ2~3
サラダ油 少々
仕上げ用
┌ 溶かしバター（食塩不使用） 50g分
└ メープルシロップ 適量

＊メレンゲがしっかり立っていれば、
ベーキングパウダーはなくても可。

1　ボウルに卵黄を入れて泡立て器でほぐし、牛乳を加えて混ぜる（a）。
2　薄力粉とベーキングパウダーを合わせてふるい入れ（b）、よく混ぜ合わせる（c）。
3　メレンゲを作る。ボウルに卵白を入れてハンドミキサーで混ぜ、グラニュー糖を大さじ1ずつ加えて泡立て、角が立つまでしっかりと泡立てる（d）。
4　メレンゲを2のボウルに2~3回に分けて加え、その都度ゴムベラでさっくりと混ぜ合わせる（e）。
5　フライパンを中火で熱して油をなじませ、ぬれ布巾にのせていったん冷ます。4の生地を大さじで適量ずつすくって丸く流し入れ（f）、ごく弱火で4~5分焼き、裏返してさらに2~3分焼く（g）。
6　器に盛り、溶かしバターとメープルシロップをかける。

a

b

c

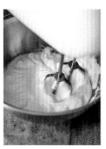
d

e

f

g

ちょっぴり懐かしい味わいの、人気のおやつ。バナナを包むパンケーキは、
6 ページの生地を大きめに焼き上げ、ラップでやさしく半折りにして形をつけ、
泡立てた生クリームとバナナをはさみます。
バナナのほか、いちご、マンゴーなど季節のフルーツで作っても。

バナナオムレツ

1　パンケーキ生地を作る。ボウルに卵黄を入れて泡立て器でほぐし、牛乳を加えて混ぜ（a）、薄力粉とベーキングパウダーを合わせてふるい入れ、よく混ぜ合わせる（b）。
2　メレンゲを作る。ボウルに卵白を入れてハンドミキサーで混ぜ、グラニュー糖を少しずつ加えながら泡立て、角が立つまでしっかりと泡立てる。
3　メレンゲを1のボウルに加え、ゴムベラでさっくりと混ぜ合わせる（c）。
4　フライパンを中火で熱して油をなじませ、ぬれ布巾にのせていったん冷ます。3の生地の⅓量を丸く流し入れ、ごく弱火で焼き（d）、途中、ふたをして中まで火を通す。
5　温かいうちにラップの上に移し、やさしく半折りにして形をつける（e）。残りも同様にする。
6　生クリームをボウルに入れ、グラニュー糖を加え、泡立て器で8分立てにする。バナナは5の生地のサイズに合わせて切る。
7　5のパンケーキに生クリームとバナナをたっぷりとはさむ（f）。

8

材料　3個分
パンケーキ生地
卵黄　2個分
牛乳　30㎖
薄力粉　30g
ベーキングパウダー　小さじ⅓
メレンゲ
┌ 卵白　2個分
└ グラニュー糖　大さじ2〜3
サラダ油　少々
生クリーム　適量
グラニュー糖　少々
バナナ　2〜3本

＊メレンゲがしっかり立っていれば、ベーキングパウダーはなくても可。

a

b

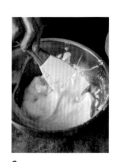
c

d

e

f

ドーナツ生地にメープルシュガーを入れ、
仕上げにもメープルシュガーをまぶした、特製ドーナツ。
メープルならではの上品でやさしい味わいが魅力です。
ドーナツ型の代わりに、我が家ではクリアファイルで大きい筒と小さい筒を作り、
組み合わせてリング形にします。抜いたあとの生地も一緒に揚げます。

メープルドーナツ

材料　約10個分
強力粉　100g
薄力粉　100g
メープルシュガー
　　またはグラニュー糖　大さじ1
ドライイースト　3g
塩　ひとつまみ
溶き卵　1個分
水　80mℓ
揚げ油(紅花油または米油)　適量
メープルシュガー　適量

1　フードプロセッサーに強力粉、薄力粉、メープルシュガー、ドライイースト、塩を入れ(a)、攪拌する。
2　溶き卵を加えて攪拌し(b)、水を加えてさらに攪拌し、少しベタッとするくらいのかたさにする。水が足りないときは大さじ1ずつ(分量外)加えてもっちりとまとまるように様子をみる。
3　ひとまとまりになったら取り出し(c)、表面をなめらかにしてs丸めてボウルに入れ、ラップをする。30℃くらいの暖かい場所またはオーブンの発酵機能で1時間ほど発酵させる(d)。3倍くらいの大きさになる。

4　丸め直してガス抜きをし、打ち粉(強力粉または薄力粉。分量外)をした台の上に取り出す。
5　めん棒で1cmくらいの厚さにのばし、直径約7cmの型と直径約3cmの型を組み合わせてドーナツ形に抜く(e・f)。抜いたあとの生地も一緒に揚げるのでとっておく。
6　揚げ油を中温に熱し、5を入れてゆっくりと揚げる(g)。油をきって熱いうちに全体にメープルシュガーをまぶす(h)。

a　b　c　d

e　f　g　h

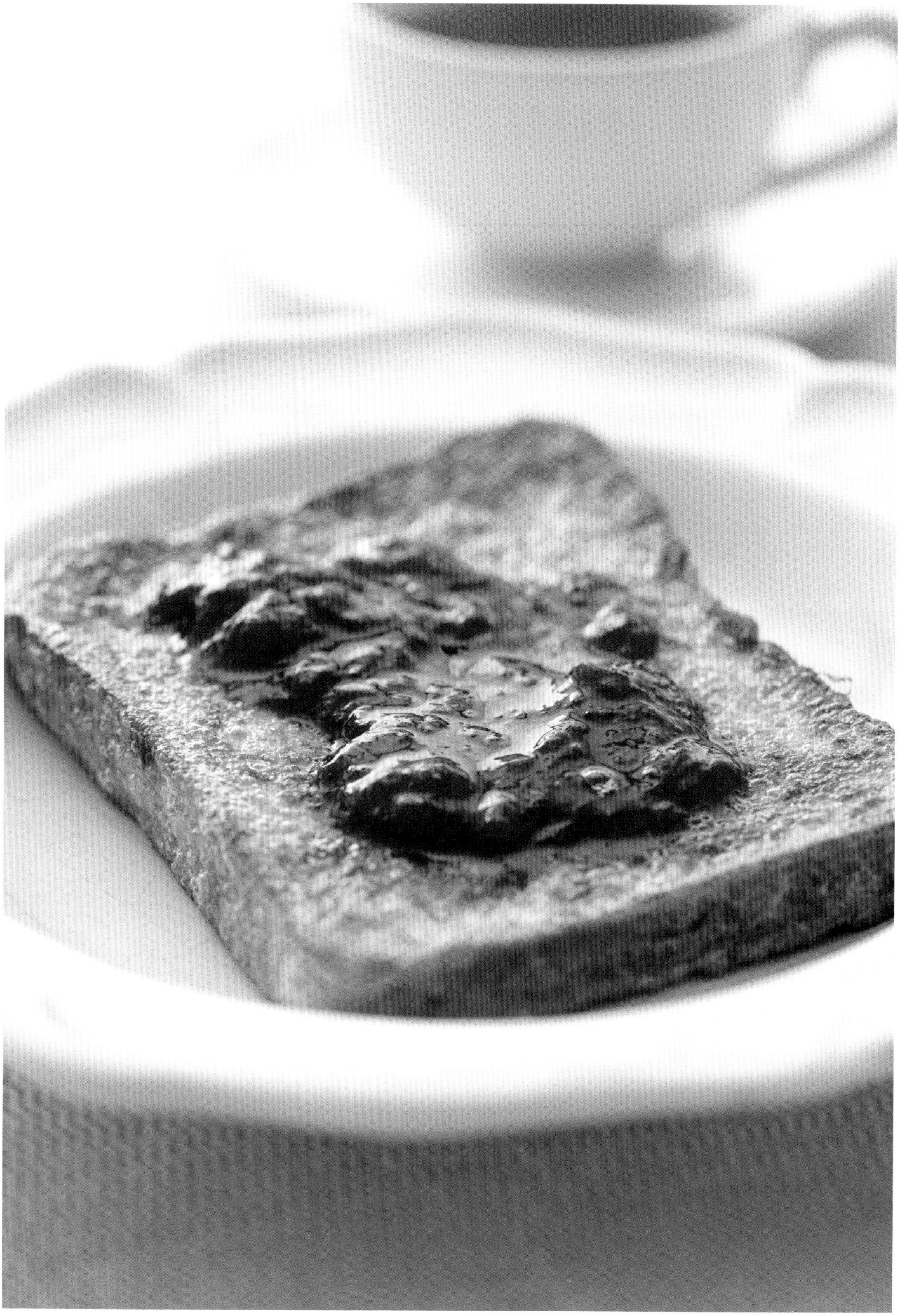

パンを溶き卵に浸して焼くだけの簡単おやつ。
イギリスではとてもポピュラーで、おやつだけでなく朝食にもよく作るそう。
パンは角食でも山型食パンでもどちらでも。
私はバターではなくオリーブオイルで香ばしく焼くのが好きです。
ジャムは1パックでひと瓶。作っておくといいですね。

エッギーブレッド & いちごの1パックジャム

a b c

d e f g

材料　1人分
食パン（6枚切り）　1枚
卵　1個
オリーブオイル　適量
いちごの1パックジャム（作りやすい分量）
┌ いちご　1パック
│ グラニュー糖　いちごの重量の½量
└ レモン果汁　大さじ2~3

1　いちごの1パックジャムを作る。いちごはヘタを取って洗い、鍋に入れ、グラニュー糖を全体にふりかけて15分ほどおき、レモン果汁を加える。
2　弱火にかけ、ときどきアクを取りながら、グラニュー糖が溶けていちごがふっくらやわらかくなるまで煮る（a）。
3　さらに煮て少し煮つめ、フォークなどで軽くつぶす（b）。木ベラで鍋底をこすったとき、跡がしっかりと残るくらいまで煮つめる（c）。熱いうちに保存瓶につめて逆さまにして完全に冷

めるまでおくと、ふたがへこんで脱気できる。
4　卵はバットに割り入れ、白身を切るように混ぜ、食パンを浸して卵液をしっかりからませる（d）。一晩おくとよい。
5　フライパンを熱してオリーブオイルをひき、4を入れ、中火で表面が色づくまで両面焼く（e・f・g）。パンが厚ければ側面も焼く。
6　器に盛り、いちごジャムをのせる。

13

フレンチトーストは厚切りのバゲットで作るとおいしい。
半日から一晩冷蔵庫に入れて卵液をたっぷり吸わせ、表面をフライパンで焼いてから
オーブンに入れると、中までしっかり火が通り、おいしく仕上がります。
フレッシュなフルーツ、温かいホットメープルソースをたっぷりかけていただきます。

フレンチトーストホットメープルソース

材料　バゲット1本分
バゲット（30cm長さ）　1本
卵　3個
メープルシュガー
　　またはメープルシロップ　大さじ2
牛乳　1½カップ
オリーブオイル　適量
バナナ、いちご、メロン、
　　ブルーベリー　各適量
ホットメープルソース
　┌ バター（食塩不使用）、
　└ 　　メープルシロップ　各適量
下準備
・オーブンを180℃に予熱する。

1　ボウルに卵を割り入れ、メープルシュガー、牛乳を加えて泡立て器でよく混ぜる。
2　バゲットを5～6cm幅の厚切りにしてバットに並べ、1をかけ、ときどき上下を返しながら、バゲットに卵液を十分に吸わせる（a）。できれば、半日～一晩冷蔵庫に入れる。
3　オーブン使用可のフライパンを中火で熱し、オリーブオイルを入れ、2を並べて軽く焼く（b）。
4　片面が少し色づいたら返し、フライパンごとオーブンに入れ、180℃のオーブンで12～13分焼く（c）。
5　フルーツは食べやすい大きさに切る。ホットメープルソースの材料を合わせ、レンジ加熱して温める。
6　4が焼き上がったら器に盛り、周囲にフルーツをおく。ホットメープルソースをかける。

a

b

c

ていねいに作ったオーソドックスなプリンのおいしさは格別。
大きな型に少々苦みをきかせた焦げ茶色のカラメルソースをたっぷりと入れ、
プリン液を流し入れて蒸し焼きにして仕上げます。
これにプルーンの甘煮と生クリームを添えるのが、我が家スタイル。
女学生だった頃、父に連れられて行った
有楽町のコーヒー屋さんで食べたこの組み合わせが原点です。

クレーム・カラメル

材料　直径18.5cmのマンケ型1台分
牛乳　350㎖
グラニュー糖　80g
卵　4個
ラム酒　大さじ1
カラメルソース
　┌ グラニュー糖　½カップ
　└ 水　大さじ3
プルーンの甘煮
　（64ページ参照）　適量
ホイップクリーム
　┌ 生クリーム　適量
　└ 粉糖　少々
下準備
・オーブンを160℃に予熱する。
・型にバター（分量外）をたっぷりめに
ぬる。

1　カラメルソースを作る。深めの小鍋にグラニュー糖と半量の水を入れて中火にかけ、混ぜずに鍋をゆらして沸騰させる（a）。好みの色に焦げてきたら、残りの水を少しずつ加える（b）。はねるので注意。鍋の中で静かにとろりと流れて、器に流すことができる感じになるまでさらに火にかける。

2　グラスに入れた冷水に、箸でカラメルをすくって落としてみて、とろりと落ちて、グラスの底で丸くかたまったらちょうどよいかたさ（c）。型に流し入れて均等に広げて冷ます（d・e）。

3　プリンを作る。鍋に牛乳とグラニュー糖を入れて弱めの中火にかけ、泡立てないように静かに混ぜながら煮溶かす。火からおろし、冷ましておく。

4　ボウルに卵を割り入れ、泡立て器を左右に動かし、白身を切るように泡立てないように溶く。

5　3の冷ました牛乳を静かに加えて混ぜ（f）、ラム酒を加えて泡立てないように混ぜる（g）。

6　オーブン使用可の容器や鍋に湯適量を張って2の型をおき、5の卵液を漉しながら型に静かに流し入れる（h）。160℃のオーブンで40分ほど湯煎焼きにする。表面を指先で押してみて、弾力があってかたまっていたら焼き上がり。粗熱を取り（i）、冷蔵庫で冷やす。

7　型に皿をかぶせて上下を返し、取り出す。プルーンの甘煮、粉糖を加えて泡立てた生クリームを添える。

a　b　c　d　e

f　g　h　i

a b c d

e f g

私のレシピは生地にヨーグルトを入れるので、ほどよく酸味がある軽い味。
さっくり、ほろっとした食感に仕上げるコツは、生地を練らないようにすること。
フードプロセッサーで生地を混ぜたら、
台の上で生地を切って重ねて押してまとめるというのを繰り返します。焼きたてアツアツが最高ですが、
冷めたときは、横半分に割ってオーブントースターで軽く温めると、バターの風味が立ってきます。

スコーン

材料　作りやすい分量
薄力粉　100g
ベーキングパウダー　小さじ1
塩　ひとつまみ
グラニュー糖　大さじ1
バター（食塩不使用）　40g
プレーンヨーグルト　大さじ3〜4
仕上げ用
┌ サワークリーム　適量
└ いちごジャム（13ページ参照）　適量
下準備
・バターは小角切りにし、使う直前まで冷蔵庫に入れる。
・オーブンを175℃に予熱する。

1　フードプロセッサーに薄力粉、ベーキングパウダー、塩、グラニュー糖を入れて撹拌し、バターを加え（a）、そぼろ状になるまでさらに撹拌する（b）。
2　ヨーグルトを加えて撹拌する（c）。手でにぎってまとまるくらいになったらOK（d）。水分が足りなければヨーグルトか水（分量外）を加える。
3　台に移し、カードで半分に切って積み重ね、押さえてざっくりとまとめる（e・f）。これを4〜5回くり返し、最後は四角くまとめる（g）。
4　4または6等分に切ってオーブンシートを敷いた天板に並べ、175℃のオーブンで15〜25分、まわりが色づくまで焼く。
5　器に盛り、サワークリームとジャムを添える。

パウンド型や丸型がなくても、バットがあれば手軽にケーキが作れます。

バットは高さがないので生地の火の通り具合がわかりやすく、焼き時間も短いのが魅力。

ここでは生地の上にバナナとアーモンドをのせて焼きますが、バナナとバナナの間にメープルスプレッドをのせて焼くと、

スプレッドが焼けてカリッと香ばしく、加熱したバナナのおいしさと溶け合って美味。

メープルスプレッドがないときはグラニュー糖を使います。

バナナメープルケーキ

材料　16×21×4.5cmのバット1台分
薄力粉　110〜120g
ベーキングパウダー　小さじ⅔〜1
バター（食塩不使用）　70g
塩　ひとつまみ
メープルシュガー
　　またはグラニュー糖　60g
卵（Lサイズ）　3個
レモン（国産）の皮のすりおろし　1個分
バナナ　2〜3本
レモン果汁　大さじ1
アーモンド（ダイス）　½カップ
メープルスプレッド
　　またはグラニュー糖　大さじ3
下準備
・バターは室温に戻す。
・薄力粉とベーキングパウダーを合わ
せてふるう。
・オーブンを180℃に予熱する。

1　バットにオーブンシートを敷き、
上から同じ大きさのバットや角ザルを
重ねてのせ、しばらくおいてオーブン
シートに形をつける（a）。
2　ボウルにバターと塩を入れ、ハン
ドミキサーで混ぜてクリーム状にし、
メープルシュガーを2回に分けて加え、
その都度ふわっとするまでよく混ぜる。
3　卵を1個ずつ加え（b）、その都度
ハンドミキサーでよく混ぜる（c）。
4　レモンの皮のすりおろしを加え
（d）、さらに混ぜ合わせる。

5　ふるっておいた粉類を4回くらい
に分けてふるいながら加え（e）、ゴム
ベラでさっくりと混ぜる（f）。
6　バットに入れて全体に広げ、表面
をならす（g）。
7　バナナを輪切りにしてレモン果汁
をからめ、6に並べてのせ（h）、アー
モンドを散らす。バナナとバナナの間
にメープルスプレッドをのせる（i）。
8　180℃のオーブンで30分ほど焼く。
竹串を刺してみて何もついてこなけれ
ば焼き上がり（j）。網にのせて粗熱を
取り、バットから取り出す。

a　　　　b　　　　c　　　　d　　　　e

f　　　　g　　　　h　　　　i　　　　j

しっとりと焼き上がったバターケーキにレモンの香りとほろ苦さをプラスした、
バットで作るレモンケーキです。レモンを皮ごとごく薄切りにして
グラニュー糖でキャラメリゼし、生地にのせて焼き上げるのがポイント。
レモンが焦げるくらいまでしっかりと焼くのがおいしさの秘訣です。

キャラメルレモンケーキ

材料　16×21×4.5cmのバット1台分
薄力粉　100g
ベーキングパウダー　小さじ1
バター（食塩不使用）　80～100g
卵　3個
グラニュー糖　80～90g
牛乳　大さじ1
レモンの甘煮
┌ レモン（国産）　1個
└ グラニュー糖　大さじ3
下準備
・薄力粉とベーキングパウダーは合わせてふるう。
・バターは大きめのボウルに入れて湯煎で溶かす。
・オーブンを170～175℃に予熱する。
・バットにオーブンシートを敷く（21ページ参照）。

22

1　レモンの甘煮を作る。レモンは薄切りにし、鍋に広げて入れ、グラニュー糖をふってしばらくおく（a）。グラニュー糖が溶けてレモンの汁気が出たらそのまま弱火にかけ、ときどき鍋を動かしながら煮（b）、キャラメルっぽくなったら火を止める（c）。

2　ボウルに卵を割り入れてハンドミキサーでよく混ぜ、グラニュー糖の⅓量を加える。ボウルの底を沸騰しない程度の湯に当て、湯煎にかけながら混ぜ、残りのグラニュー糖を2回に分けて加えながら混ぜる（d）。

3　熱くなったら湯煎からはずし、完全に冷めるまで泡立てる。持ち上げた

とき、生地が落ちないくらいが目安（e）。牛乳を加えて混ぜる。

4　ふるっておいた粉類を3回に分けてふるいながら加え、その都度ゴムベラでさっくりと混ぜる（f）。

5　4の適量を溶かしておいたバターに加えて泡立て器でよく混ぜ、4のボウルに戻し入れ（g）、ゴムベラで混ぜ合わせる。

6　バットに入れて表面をならし、1のレモンをのせる（h）。170～175℃のオーブンで30分ほど焼く。竹串を刺してみて何もついてこなければ焼き上がり。網にのせて粗熱を取り、バットから取り出す。

a

b

c

d

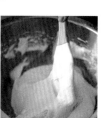

e

f

g

h

別立て法（卵黄と卵白を分け、別々に泡立てる方法）で作った生地は
気泡を多く含ませることができるので、ふんわりとした感じに仕上がるのが特徴。
メレンゲの作用で弾力性も出るので、ナッツをたっぷり混ぜてもバランスがよく、
飽きないおいしさ。上にのせたナッツのカリッとした食感がアクセントです。

ナッツケーキ

a
b
c
d
e
f

材料　16×21×4.5cmのバット1台分
薄力粉　100g
ベーキングパウダー　小さじ1
バター（食塩不使用）　100g
グラニュー糖　100g
卵黄　3個分
メレンゲ
┌ 卵白　3個分
└ グラニュー糖　大さじ2～3
クルミ（殻から出したもの）　1カップ
スライスアーモンド　½カップ
下準備
・薄力粉とベーキングパウダーは合わ
せてふるう。
・バターは室温に戻す。
・オーブンを180℃に予熱する。
・バットにオーブンシートを敷く（21
ページ参照）。

1　クルミは包丁で刻む。
2　ボウルにバターを入れてハンドミ
キサーで混ぜてクリーム状にし、グラ
ニュー糖を2回に分けて加え、その都
度ふわっとするまでよく混ぜる。
3　卵黄を1個ずつ加え、その都度ハ
ンドミキサーでよく混ぜる（a）。
4　メレンゲを作る。別のボウルに卵
白を入れてハンドミキサーで泡立て、
グラニュー糖を2～3回に分けて加え、
角が立つまでしっかり泡立てる（b）。
5　3にふるった粉類の¼量をふるい
ながら加えてゴムベラで混ぜ（c）、メ
レンゲの⅓量を加えてさっくりと混ぜ
る（d）。同様にして交互に2～3回に
分けて加え、その都度ゴムベラでさっ
くりと混ぜる。クルミの半量を加えて
混ぜ合わせる（e）。
6　バットに入れて表面をならし、残
りのクルミとアーモンドを散らす（f）。
180℃のオーブンで30分ほど焼く。
竹串を刺してみて何もついてこなけれ
ば焼き上がり。網にのせて粗熱を取り、
バットから取り出す。

パウンドケーキやカトルカールと呼ばれるバターケーキは、卵、砂糖、小麦粉、
バターを1ポンドずつ合わせて焼き上げることからこの名がつけられました。
材料も作り方もとてもシンプルで、家庭でも気軽に作れる焼き菓子の基本です。
質のいいバターを使ってていねいに作れば、しみじみおいしい。
焼き上がったらラップに包んで一晩おくと、
しっとりとした生地感になり、さらにおいしくなります。

シンプルバターケーキ

材料 8.5×19×高さ6cmの
　　パウンド型1台分
薄力粉　100g
ベーキングパウダー　小さじ½
バター（食塩不使用）　100g
塩　ひとつまみ
グラニュー糖　80g
卵黄　3個分
メレンゲ
┌ 卵白　3個分
└ 粉糖　20g
ラム酒（あれば）　大さじ1
下準備
・バターは室温に戻す。
・薄力粉とベーキングパウダーは合わ
せて3回ふるう。
・オーブンを175℃に予熱する。
・型にオーブンシートを敷く。

1　ボウルにバターと塩を入れ、ハンド
ミキサーで混ぜてクリーム状にする（**a**）。
2　グラニュー糖を3回に分けて加え
てその都度混ぜ、バターが白っぽくな
ってふわっとするまで混ぜる。
3　卵黄を1個ずつ加え、その都度ハ
ンドミキサーでよく混ぜる（**b**）。よ
く混ぜたら、ラム酒を加えて混ぜる。
4　メレンゲを作る。別のボウルに卵
白を入れてハンドミキサーで泡立て、
粉糖を2～3回に分けて加え、角が立
つまでしっかり泡立てる（**c**）。

5　3にふるった粉類の¼量をふるい
ながら加えてゴムベラで混ぜ、メレン
ゲの⅓量を加えて泡をつぶさないよう
にさっくりと混ぜる（**d**）。同様にして
交互に2～3回に分けて加え、その都
度ゴムベラでさっくりと混ぜる（**e**）。
6　型に入れてならし（**f**）、型ごとト
ンと1回落とし、175℃のオーブンで
45～50分焼く。中央に竹串を刺して
みて、何もついてこなければ焼き上が
り（**g**）。
7　網にのせて粗熱を取り、型から取
り出す。

a

b

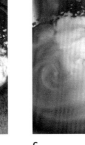
c

d

e

f

g

クッキー生地を冷凍庫でかたくしてから切って焼く、
アイスボックスタイプのクッキー。生地を長方形に整えて冷凍しておけば、
思いついたときにいつでも好きな量を切り分けて焼くことができます。
特別な道具や型が必要なく、手順もやさしいので、初めての方にもおすすめです。
白ごまの代わりに黒ごまを使っても。

ごまクッキー

材料　作りやすい分量
薄力粉　120g
ベーキングパウダー　小さじ1
バター（食塩不使用）　60g
グラニュー糖　60〜70g
卵　1個
白炒りごま　大さじ2
仕上げ用
┌ 白炒りごま　適量
└ 粗塩（ゲランド）　適量
下準備
・バターは室温に戻す。
・薄力粉とベーキングパウダーは合わせてふるう。
・オーブンを200℃に予熱する。

1　卵はボウルに割り入れ、泡立て器でよくほぐす。

2　別のボウルにバターを入れてハンドミキサーで混ぜ、グラニュー糖を2〜3回に分けて加え、その都度よく混ぜてクリーム状にし（a）、1の卵を2〜3回に分けて加え、混ぜ合わせる（b）。

3　ふるっておいた粉類の⅓量を加え、ゴムベラでよく混ぜ（c）、残りの粉類の½量を加えて混ぜる。

4　ごまを加えて混ぜ（d）、残りの粉類を加えて折り込むようにして混ぜ合わせ、ひとまとめにする（e）。

5　台に取り出し、四角形または長方形に整えてラップで包み（f）、冷凍庫に入れて包丁がやっと入るくらいにかたくなるまで冷やす。

6　5を冷凍庫から取り出してラップをはずし、生地がかたいうちに7〜8mm厚さに切り（g）、オーブンシートを敷いた天板に間隔をあけて並べる。

7　上面にごまと粗塩をふる。200℃のオーブンの下段で5分焼き、その後180℃に下げて上段で10〜15分焼く。

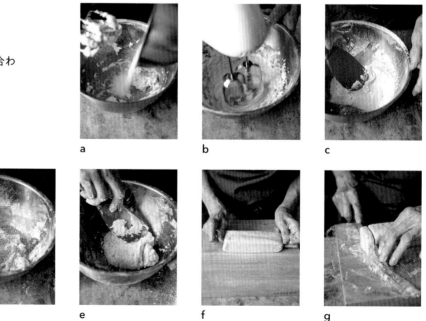

a　　　　　b　　　　　c

d　　　　　e　　　　　f　　　　　g

29

クッキー生地をめん棒で薄くのばし、型で抜いて焼き上げる、型抜きクッキーです。
生地はフードプロセッサーで作るから簡単、それでいて失敗なし。
サイズの違う型をいくつか使うと無駄な生地が残らず、器に盛ると賑やかになって楽しい。

レモンクッキー

材料　作りやすい分量
薄力粉　200g
ベーキングパウダー　小さじ1½～2
グラニュー糖　80g
塩　ひとつまみ
バター（食塩不使用）　60g
卵　1個
レモン（国産）の皮のすりおろし
　大1個分
下準備
・バターは小角切りにし、使うまで冷蔵庫で冷やす。
・薄力粉とベーキングパウダーは合わせてふるう。
・オーブンを170℃に予熱する。

1　卵はボウルに割り入れ、泡立て器でよくほぐす。
2　フードプロセッサーにふるった粉類とグラニュー糖、塩を入れて攪拌し、バターを加え（a）、さらに攪拌してそぼろ状にする（b）。
3　1の卵を少しずつ加えながら攪拌し、ひとつにまとまる程度のしっとりとした状態にする（c・d）。
4　オーブンシートを広げ、3を移して広げ、レモンの皮のすりおろしを広げてのせる（e）。生地を折りたたんでひとつにまとめ（f）、オーブンシートに包

んで冷蔵庫で1時間ほどねかせる（g）。
5　新たなオーブンシートを台の上に広げ、グラニュー糖適量（分量外）を広げる。4の生地をのせて上からもオーブンシートをかぶせ、めん棒で3～4mm厚さにのばす（h）。
6　サイズの違う菊型を使って型抜きし（i）、グラニュー糖の面を上にしてオーブンシートを敷いた天板に間隔をあけて並べる。残った生地は再度丸めてのばし、型で抜く。竹串で刺して穴をあけ（j）、170℃のオーブンで20分ほど焼く。

a　b　c　d　e

f　g　h　i　j

イタリア・ピエモンテ州発祥のスイーツで、パンナは生クリーム、コッタは煮たという意味。
生クリームだけだとちょっと重いので、私は牛乳と合わせ、
甘みにはさわやかなコクのある和三盆を使い、やさしい甘さに仕上げます。
和三盆糖とラム酒を混ぜ合わせた香り高いソースで、大人のデザートになります。

和三盆のパンナコッタ

材料　グラス3~4個分
和三盆糖　大さじ2~3
牛乳　1⅓カップ
生クリーム　⅔カップ
板ゼラチン　6g(1.5g×4枚)
和三盆ラムシロップ
　┌和三盆糖　大さじ4
　└ラム酒　大さじ1~1½

1　板ゼラチンはたっぷりの水に1枚ずつ入れ、やわらかくなるまで10分ほどふやかす。

2　ステンレスボウルまたは鍋に和三盆糖を入れ、牛乳を大さじ1~2ほど加えて混ぜて溶かし(a)、残りの牛乳を加えて混ぜる。

3　生クリームを加え(b)、火にかけて煮立たせないようにして温める。

4　1のふやかしたゼラチンを加え(c)、混ぜながら溶かし(d)、火を止める。人肌になったらグラスに注ぎ入れ(e)、冷蔵庫で4~5時間冷やしかためる。

5　和三盆ラムシロップを作る。ボウルに和三盆糖を入れ、ラム酒を加えて溶かす(f)。

6　食べる直前にパンナコッタに和三盆ラムシロップをかける(g)。

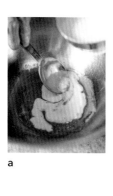
a

b

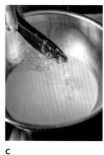
c

d

e

f

g

口当たりのやさしい杏仁豆腐を作りたいので、
ここでは寒天は使わず板ゼラチンを使い、
香りよく仕上げたいので、杏仁霜を使って作ります。
上手に作るポイントは、はじめに杏仁霜を少量の牛乳でよく混ぜておくこと、
ゼラチンを加えたら泡立てないようにていねいに混ぜること。
シロップとともにメロンやライチ、すいか、桃などを
のせていただくのが好きです。

杏仁豆腐

材料 作りやすい分量
杏仁霜（きょうにんそう）　大さじ1〜1½
牛乳　350㎖
板ゼラチン　4.5g（1.5g×3枚）
シロップ
┌ グラニュー糖、水　1対2の割合
└ アーモンドエッセンス　少々
メロン、ライチ、ミント　各適量

1　板ゼラチンはたっぷりの水に1枚ずつ入れ、やわらかくなるまで10分ほどふやかす。

2　ステンレスボウルまたは鍋に杏仁霜を入れ、牛乳大さじ1〜2を加えてゴムベラで練るようにして溶かす（a）。

3　残りの牛乳をステンレスボウルまたは鍋に入れて温め、**1**のふやかしたゼラチンを加え（b）、泡立てないように混ぜて溶かし、火を止める。

4　**2**のボウルに**3**を少し加えてよく混ぜ、残りの**3**を加えて混ぜ合わせる（c）。このまま粗熱を取る。

5　器を水でぬらし（d）、**4**を流し入れ（e）、冷蔵庫に入れて冷やしかためる。できれば一晩おくとちょうどいいかたさになる。急いでかためたいときは、板ゼラチンの量を1〜2枚増やす。

6　シロップを作る。グラニュー糖と水を鍋に入れて煮溶かし、粗熱が取れたらアーモンドエッセンスを加え（f）、冷蔵庫で冷やす。

7　食べる直前に**5**にシロップを注ぎ入れ、一口大に切ったメロンとミント、または皮をむいたライチをのせる。

a

b

c

d

e

f

季節のフルーツが
出回ったら

旬の桃が待ち遠しい我が家の人気デザート。
プラムを入れるのは、風味をプラスして鮮やかな色に仕上げるため。
プラムはサンタローザが一番ですが、
なければ、煮ると赤くなるタイプの別のプラムでも代用できます。
なんといっても楽しみなのは、ルビー色に染まった桃を丸ごといただくこと、
そしてルビー色の香りのいいシロップをゼリーにすること！

桃のコンポート

材料　作りやすい分量
桃　3〜4個
プラム　5〜6個
水　適量
グラニュー糖　水の重量の半量くらい

1　桃はやわらかい布巾で洗ってうぶ毛を落とし、黒い軸の部分は竹串で取り除く（a）。プラムも黒い軸を取る。
2　鍋に桃とプラムを入れ、ひたひたより少なめの水を加え（b）、桃とプラムを取り出して鍋の中の水分量を測る。その水分量の重さの半量くらいのグラニュー糖を用意する。
3　鍋に2の水とグラニュー糖を入れ

て火にかけ、グラニュー糖を溶かす（c）。
4　鍋に桃とプラムを戻し入れ、ペーパータオルで落としぶたをし（d）、少しフツフツするくらいの火加減で20〜25分煮る（e）。
5　そのまま冷まし、ボウルなどに移して冷蔵庫で冷やす。
6　桃の皮をむいて器に盛り、コンポートのシロップを注ぐ。

a

b

c

d

e

コンポートのシロップで作る香り高いゼリーです。
作り方は簡単、コンポートのシロップにレモン果汁とゼラチンを入れてバットでかためるだけ。
ガラスの器に入れてゆるく泡立てた生クリームをかけると、素敵なデザートに。
ゼリー本来のおいしさが味わえます。桃のコンポートを切り分けて、一緒に盛りつけても。

桃のコンポートゼリー

材料　作りやすい分量
桃のコンポートのシロップ(36 ページ参照)
　2カップ
レモン果汁　適量
板ゼラチン　9g(1.5g × 4枚)
ホイップクリーム
┌ 生クリーム　100mℓ
└ グラニュー糖　大さじ⅔

1　板ゼラチンはたっぷりの水に1枚
ずつ入れ、10分ほどふやかす。
2　鍋にシロップを入れて温め、レモ
ン果汁を加える。ゼラチンの水気をき
って加え、煮溶かす。
3　バットに流し入れ、氷水を張った
ボウルなどで底を冷やして粗熱を取り
(a)、冷蔵庫で冷やしかためる。一晩
おくといい。急いでかためたいときは、
板ゼラチンの量を2枚増やす。
4　生クリームはグラニュー糖を加え
てゆるく泡立てる。
5　3がかたまったらスプーンなどで
かいて器に盛り(b)、4をかける。

a

b

コンポートゼリーと牛乳の組み合わせは、
娘たちが子どもの頃によく作っていたおやつ。
グラスに盛りつけて横から見ると、
モザイク模様になって可愛らしい。

コンポートゼリーミルク

材料　作りやすい分量
桃のコンポートゼリー(上記参照)　適量
牛乳　適量

バットでかためたコンポートゼリーを
小角切りにし、牛乳とともにグラスに
入れる。

桃のコンポートのシロップが残ったら、保存瓶に入れて冷蔵庫へ。
炭酸水で割ってソーダにしたり、
その上にバニラアイスクリームをのせればクリームソーダ。

桃のシロップソーダ

材料　作りやすい分量
桃のコンポートのシロップ（36ページ参照）
　適量
炭酸水　適量
氷　適量

グラスにシロップと氷を入れ、炭酸水を
注いで混ぜる。

プラムが大好きです。そのままいただくことが多いですが、
桃のコンポートを作る際に残ったプラムなどがあれば、甘煮にして冷凍庫へ。
シャキシャキに凍った甘煮とバニラアイスクリームを合わせて
プラムアイスの完成。熟成した甘いバルサミコ酢をかけていただきます。

プラムのアイスクリーム

材料　作りやすい分量
プラム　3個
グラニュー糖　大さじ2
バニラアイスクリーム　適量
バルサミコ酢（熟成した甘いタイプ）　少々

1　プラムは黒い軸を取り除き、種を
避けながら適当な大きさに切り分けて
鍋に入れる。
2　グラニュー糖を全体にふりかけ
（a）、しばらくおいてグラニュー糖が
溶けたら弱火にかけ、プラムがやわら
かくなって煮汁がとろりとするまで煮
る（b）。
3　バットに流し、冷凍庫で凍らせる。
途中、取り出してフォークなどでかい
て空気を入れる。
4　冷凍庫から取り出してフォークな
どでざっとほぐし、アイスクリーム1
人分をのせ（c）、プラムごとスプーン
ですくって器に盛る。バルサミコ酢を
かける。

a

b

c

a

アジアの国を旅すると、本当にすいかのジュースばかり飲んでいます。
作りたてはフレッシュで、甘すぎず、飲むとすーっと体の中が涼しくなる感じ。
数年前に高知の江本農園さんのアンテナスイカに
出会ってからは、夏のお楽しみになっています。

すいかのジュース

材料　作りやすい分量
すいか　適量

1　すいかは竹串などで種を取り（a）、
適当な大きさに切ってミキサーに入れ
て攪拌し、ジュースにする。
2　グラスに注ぎ入れ、薄く切ったす
いかを添える。

フルーツとお酒はよくある組み合わせですが、すいかとワインも好相性。
ミントやレモングラスなどのハーブを添えるとさわやかな甘さになり、
大人の飲み物になります。ワインを吸ったすいかもおいしい！
暑い日のウエルカムドリンクにも。

すいかとハーブのスパークリングワイン

材料　作りやすい分量
すいか　適量
ミント、レモングラス　各適量
スパークリングワイン　適量

1　すいかをキューブ状に切り、見え
る範囲でいいので種を取る。
2　グラスにすいかとミントを入れ、
スパークリングワインを注ぎ、レモン
グラスを差す。

材料　作りやすい分量
すいか　適量

1　すいかは適当な大きさに切り、竹
串などで種を取り、フードプロセッサ
ーに入れて攪拌し、少しかたまりが残
る程度につぶす。
2　バットに移し（a）、甘さが足りな
いようならグラニュー糖少々（分量外）
をふり、冷凍庫に入れて凍らせる。
3　フォークでほぐし（b）、器に盛る。

すいかをフードプロセッサーにかけて凍らせるだけ。
少し実が残っているくらいで凍らせると、
シャキッとした歯応えとすいかのフレッシュ感の両方が楽しめます。

すいかのソルベ

43

a

b

すいか、プレーンなスポンジ、生クリーム。
それぞれを別の器に盛り、好きなだけ取り分けるスタイル。
色と食感の違うものを組み合わせることで、新しいおいしさが生まれます。
夏はすいか！　デコレーションしないから、ショートケーキを作るより手軽です。

すいかのスポンジケーキ

材料　21×25×4.3cmのバット1台分
すいか　適量
スポンジケーキ
- 薄力粉　90g
- ベーキングパウダー　少々
- 卵　3個
- グラニュー糖　90g
- 牛乳またはぬるま湯　大さじ1
- バター（食塩不使用）　20g
ホイップクリーム
- 生クリーム　200ml
- グラニュー糖　大さじ1~2

下準備
・薄力粉とベーキングパウダーは合わせて2回ふるう。
・バターは湯煎または電子レンジで溶かす。
・牛乳は人肌くらいの温度に温める。
・オーブンを175℃に予熱する。
・バットの底にオーブンシートを敷き、底と側面に薄力粉をふる。

1　スポンジケーキを作る。ボウルに卵を割り入れてハンドミキサーで軽くほぐし、50~60℃の湯煎にかけながらグラニュー糖を2~3回に分けて加え、その都度泡立てる（a）。さわってみて、温まるまで湯煎にかけ、泡立てる（b）。

2　白っぽくもったりとしたら湯煎からはずし、冷めるまでさらに混ぜ、ハンドミキサーを持ち上げても生地がたれなくなるまで泡立てる（c）。牛乳を加えて混ぜる。

3　ふるっておいた粉類を4回に分けて加え、その都度ゴムベラで折り込むようにして泡をつぶさないように混ぜる（d）。真ん中をすくったとき、粉が出てこなくなったら次の粉を入れるようにする。

4　溶かしておいたバターに3を大さじ2~3加え（e）、泡立て器で混ぜ、3の上にふりまくようにして加え、折り込むようにしてゴムベラで混ぜる。

5　バットに流し入れ（f）、175℃のオーブンで30分ほど焼く。粗熱が取れたらバットから取り出し、オーブンシートをはずしてカバーにして冷まし、2~3cm角に切る（g）。

6　すいかは2~3cm角に切り、見える範囲の種を取る。生クリームはグラニュー糖を加えてとろりとするまで泡立てる。

7　すいか、スポンジケーキ、泡立てた生クリームをそれぞれ器に盛り、各自好きなように盛り合わせる。

a

b

c

d

e

f

g

蒸し焼きにしたさつまいもを使って作るから、いっそう甘くて香ばしい味わい。
スイートポテトに使うさつまいもは、鳴門金時のようなホクホクタイプがおすすめですが、
最近のさつまいもは甘いので、砂糖は入れないでも十分。
さつまいも2本を使って、1本強のスイートポテトができます。

スイートポテト

材料　作りやすい分量
さつまいも　2本（500〜600g）
バター（有塩）　50g
卵黄　2個分
生クリーム　大さじ2
仕上げ用卵黄（溶いたもの）　適量
下準備
・バターは小角切りにして室温に戻す。

1　さつまいもはアルミホイルを敷いたフライパン（オーブン使用可のもの）に並べ、180℃のオーブンで1時間〜1時間30分焼く。
2　さつまいもがまだ熱いうちに中身をスプーンでくりぬき（a）、ボウルに入れ、ゴムベラでつぶす。甘さが足りないときは、砂糖やメープルシロップなど好みの甘み（分量外）を加える。皮はケースに使うので取っておく。
3　バターと卵黄、生クリームを加え（b）、ゴムベラで混ぜる。
4　さつまいもの皮1本分（半分に切ったもの2つ）に3を山盛りつめ（c）、形を整え、卵黄をハケでぬる（d）。残ったさつまいもはバター（分量外）をぬって薄力粉（分量外）をふったココットなどに入れ、卵黄をハケでぬる。
5　アルミホイルを敷いた天板に4を並べ、ココットものせ、200℃のオーブンで約15分、焼き色がつくまで焼く。

a

b

c

d

さつまいもの皮の
シナモンシュガー揚げ

お正月のきんとんなどを作るときに厚くむいた皮は、油で香ばしく揚げておやつにします。シナモンパウダーたっぷりとグラニュー糖をふり、アツアツのところを頬張るのが好きです。

材料　作りやすい分量
さつまいもの皮
　（筋の内側まで厚くむいたもの）　適量
揚げ油　適量
シナモンパウダー、グラニュー糖
　　各適量

1　さつまいもの皮は内側の白い部分に間隔をあけて切り込みを入れる。
2　揚げ油を火にかけ、まだ低温のうちに1を入れ（a）、徐々に温度を上げながらじっくりと揚げる。
3　油をきってボウルに入れ、熱いうちにシナモンパウダーとグラニュー糖をまぶす。（b）

a

b

香りのいい冬のりんごと黄ゆずで作る、ちょっとしたお茶請け。
りんごのシャキシャキ感を生かしたいので、煮るというよりは
からめる感覚で火を入れます。りんごはしっかり身のしまったものならなんでも。
「ふじ」や「秋映」「紅玉」などがおすすめ。

りんごとゆずの蜜煮

材料 作りやすい分量
りんご　1個
ゆず　1個
はちみつ　大さじ2〜3

1　りんごは8等分に切って芯と種を取り、皮をむき、さらに半分に切る。ゆずはヘタを取り、皮ごとざく切りにする。
2　1を鍋に入れ（a）、はちみつを加えて混ぜ（b）、少しおいてなじませる。
3　果汁が出てきたら中火にかけ、ときどき混ぜながら煮る（c）。食感を生かしたいので、ふたはせず、煮からめる感じで煮る。りんご、ゆずともに透明感が出て、水分がとろりとしてきたら火を止める。

a

b

c

黄ゆずの果汁と皮でうっすらとゆず色になった寒天が金粉のように美しく、
我が家ではお正月のデザートとして欠かせません。
型で抜くとおもてなし風、四角く切り分けると普段着のおやつに。
かぼすやすだちなど酸味のきいた柑橘類なら同様に作れます。

ゆず寒天

材料　14×11cmの流し缶1台分
ゆずの搾り汁　⅓カップ
ゆずの皮のすりおろし　大1個分
棒寒天　1本
水　500mℓ
グラニュー糖　⅔カップ

1　ボウルに棒寒天を適当な大きさに
ちぎって入れ、かぶるくらいの水を加
えて1時間ほどおいてふやかす。
2　1の寒天の水気を絞り、分量の水
とともに鍋に入れ（a）、強火にかけ、
煮立ってきたら中火にし、水分量が約
¾になるまで煮つめる。
3　ボウルにグラニュー糖を入れ、2
の寒天液を加えて溶かし（b）、ゆずの
搾り汁、ゆずの皮のすりおろしを加え
て混ぜ合わせる（c）。
4　流し缶に流し入れ（d）、冷蔵庫で
冷やしかためる。かたまったら流し缶
から出し、好きな型で抜いて器に盛る。

a

b

c

d

レモンの皮に香りの成分があるので、皮を煮出して香りを十分に引き出し、
そこに搾り汁も加えてゼリーに仕立てます。これだけでおいしいですが、
はちみつレモンソースをかけるとそれだけで食感がよくなり、ぐっとおいしさが増します。
また、ゼリーを作るときのお気に入りの型が、このオーバル型。
楕円のカーブの美しさはもちろん、型からはずしてもゼリーがつぶれたり、へたったりしない。
やわらかく、ぷるぷるのゼリーを最大限に美しく見せてくれます。

レモンのゼリー

a

b

c

d

e

材料 作りやすい分量
レモン（国産） 1個
板ゼラチン 3〜4g（1.5g×2〜2½枚）
水 1カップ
グラニュー糖 ½カップ
はちみつレモンソース
┌ はちみつ 大さじ1〜2
│ 水 大さじ2
└ レモン果汁 大さじ1½

1 板ゼラチンはたっぷりの水に1枚ずつ入れ、10分ほどふやかす。
2 レモンは皮の黄色い部分を薄くむき、残りは果汁を搾る。
3 レモンの皮を分量の水とともに鍋に入れ、しばらくおいてから弱めの中火にかける（**a**）。色と香りが出たら、レモンの皮を取り出す（**b**）。
4 グラニュー糖を加えて溶かし、水気をきった板ゼラチンを入れ（**c**）、沸騰しないように煮溶かし、レモン果汁を加えて混ぜる（**d**）。
5 水でぬらしたゼリー型に注ぎ入れ（**e**）、冷蔵庫で冷やしかためる。
6 型からひっくり返して器に盛り、はちみつレモンソースの材料を混ぜ合わせてかける。

フルーツの甘煮

さっと甘煮にしたきんかんは、甘酸っぱさとほろ苦さに砂糖の甘さが加わり、
生でいただくのとはまた違ったおいしさ。シロップに漬けて冷蔵庫に入れておくと、
いつでもおいしい状態でいただくことができます。シロップは炭酸水で割ったり
紅茶に入れたり、湯を注いできんかん茶にして楽しみます。

きんかんの甘煮

材料　作りやすい分量
きんかん　1パック
水　適量
グラニュー糖　水の重量の半量

a

b

c

d

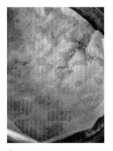
e

f

1　きんかんはヘタを取り、竹串で数カ所穴をあける。

2　鍋にきんかんを入れ、ひたひたより少なめの水を加え(a)、ザルをかませたボウルにあけてきんかんと水に分け(b)、ボウルの中の水分量を測る(c)。その水分量の重量の半量のグラニュー糖を用意する。

3　鍋にきんかんを戻し入れ、2の水とグラニュー糖を入れて火にかけ(d)、グラニュー糖を溶かす。

4　オーブンシートで落としぶたをし(e)、少しフツフツするくらいの火加減で20分ほど煮る(f)。

5　そのまま冷まして味をなじませ、瓶などに入れて冷蔵庫に入れる。

きんかんの甘煮　きんかんの甘煮（52ページ参照）を小皿に盛り、そのまま楽しむ。お茶請けにぴったり。

きんかんの甘煮は干してもおいしいのが魅力。
干すとうまみがギュッと凝縮して、独特の食感になり、
この上ないおいしさ。コーヒーや紅茶によく合います。

甘煮きんかんのセミドライ

汁気をきったきんかんの甘煮（52ペー
ジ参照）を角ザルにのせ、風通しがい
いようにひっくり返した角ザルの上に
おく。汚れなどがつかないように上か
らも角ザルをのせる。天気のいい乾燥
した日に干してセミドライにする（a・b）。

a

b

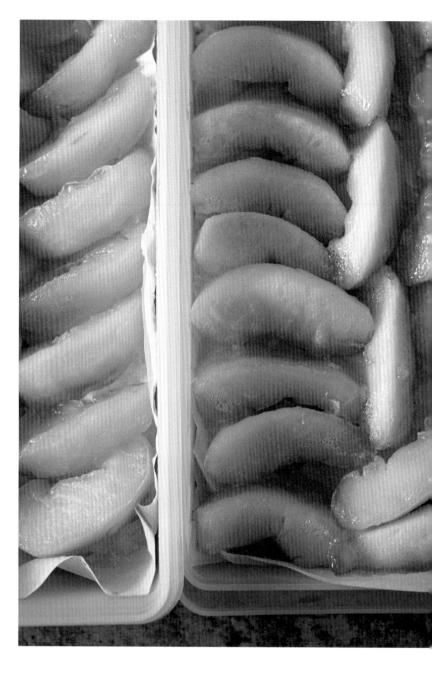

材料　作りやすい分量
りんご（ふじ、紅玉など）　3個
レモン果汁　2個分
グラニュー糖　大さじ6

1　りんごは8等分に切って芯と種を
取り、皮をむく（紅玉はむかない）。
ボウルに入れてレモン果汁をまぶす。
2　平鍋にりんごを重ならないように
並べ、ボウルに残ったレモン果汁、グ
ラニュー糖をふり、しばらくおいてり
んごの水分を出す（a）。
3　オーブンシートで落としぶたをし
て中火にかけ（b）、少し透き通って煮
えてきたらオーブンシートをはずし、
汁気がほぼなくなるまで4〜5分煮つ
める（c）。冷めるまでそのままおく。
4　保存容器に並べ、重ねて入れる場
合はオーブンシートをおいてその上に
重ねて並べる。すぐに使わない分は冷
凍庫に入れる。

りんごの甘煮

りんごの甘煮は、りんごの香りと甘さが存分に楽しめるのが魅力。
このまま、アイスクリームやホイップした生クリームを添えていただくほか、
冷凍保存しておけば、パイやケーキのフィリングにもなります。

a　　　　　　　　　　b　　　　　　　　　　c

冷凍しておいたりんごの甘煮とアイスクリームを混ぜるだけで、
フルーティーな自家製アイスのでき上がり。果肉を感じる食べ心地に仕上げます。

りんごアイス

材料 作りやすい分量
冷凍しておいたりんごの甘煮
　（56ページ参照） 適量
バニラアイスクリーム　適量

1　冷凍しておいたりんごの甘煮を半
解凍し（a）、刻む。
2　室温に少しおいたバニラアイスク
リームをボウルに入れ、1を加えて混
ぜ、再び冷凍庫に入れてかためる（b）。
3　ディッシャーなどで器に盛る。

a　　　　　　b

りんごの甘煮を作ったら、必ず作るのが干しりんご。
天日で干すとうまみが増して酸味が和らぎ、独特の食感になり、
色も鮮やかに。チョコレートとよく合います。

干しりんごとチョコレート

材料 作りやすい分量
りんご（紅玉）の甘煮
　（56ページ参照） 適量
好みのチョコレート　適量

1　りんごの甘煮を角ザルに並べ、風
通しがいいようにひっくり返した角ザ
ルの上におく。虫や汚
れがつかないように上
からも角ザルをのせる。
7〜10日して、表面が
すっかり乾いてさらっ
とするまで干す（a）。
2　チョコレートとと
もに器に盛る。

a

材料はパイナップルとグラニュー糖だけだから簡単。
たっぷり作って冷蔵庫に入れておくと、おやつにも食後のデザートにも楽しめます。
ひと手間加えるだけで生のパイナップルとはまた別の味と香りになり、これたけで立派なお菓子。

パイナップルの甘煮

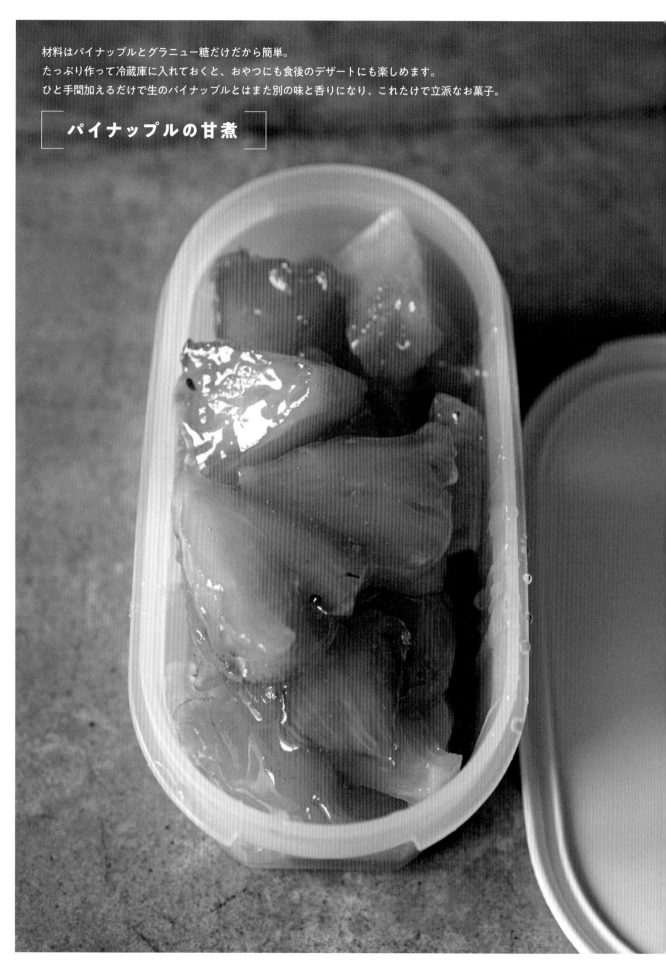

材料　作りやすい分量
パイナップル　½個
グラニュー糖
　　パイナップルの重量の⅓量

1　パイナップルは芯の部分を除き、一口大より大きく切る。

2　1を平鍋に入れてグラニュー糖をふり、しばらくおく（a・b）。

3　パイナップルから水分が出てきたら火にかけ、弱めの中火で煮る。焦げないようにときどき鍋をゆすったり、箸で上下を返したりする（c）。

4　煮汁がとろりとして少しカラメル色になるまで煮つめる。グラスに入れた冷水に、スプーンで煮汁をすくって落としてみて、とろりと落ちてグラスの底で丸くかたまる程度（d）。

5　粗熱が取れたら保存容器に入れ、鍋に残った煮汁をかける（e）。

a

b

c

d

e

パイナップルの甘煮を小鉢に盛り、そのまま楽しむ。
飴状になったシロップがパイナップルにからんで、実においしい。

我が家で長年作り続けている定番中の定番。
やわらかく煮たあんずだけでなく、香りが移ったシロップもおいしいんです。
そのままお茶請けにするのはもちろん、ケーキやパンプディングの中に入れたり、
あんずソースにしたり。作りおきしておくと便利です。
干しあんずは食べておいしいと思える極上品を使うようにします。

あんずの甘煮

材料　作りやすい分量
干しあんず　500g
グラニュー糖　200〜250g
水　適量

1　鍋に干しあんずとグラニュー糖を
入れ、ひたひたの水を注いで中火にか
ける。アクを取り除き、弱火にして、
やわらかくなるまで20分ほど煮る。
2　そのまま冷まし、シロップごと保
存瓶に入れ、冷蔵庫に入れる。

材料　4人分
あんずソース
　┌ あんずの甘煮（左ページ参照）
　│　　4～5個
　│　甘煮のシロップ（左ページ参照）　適量
　│　リキュール（グランマルニエまたは
　└　　アマレットなど）　大さじ1～2
バナナ　1本
ミニ春巻きの皮　8枚
水溶き小麦粉　適量
揚げ油　適量

あんずの甘煮にリキュールを加えてソースを作り、
バナナ春巻きにかけていただく、
ちょっとエキゾチックなデザート。
なしや柿、りんごの甘煮（56ページ参照）で作っても。

バナナ春巻き あんずソース

1　あんずソースを作る。あんずの甘
煮と甘煮のシロップをフードプロセッ
サーに入れて攪拌し、なめらかにする
（a）。リキュールを加えて混ぜる。
2　バナナは半分に切って縦4つ割り
にする。
3　春巻きの皮にバナナをのせて春巻
きの要領で巻き（b）、巻き終わりは
水溶き小麦粉で留める（c）。
4　揚げ油を中温に熱し、3を入れ（d）、
きつね色にパリッと揚げる。
5　器に盛り、あんずソースをかける。

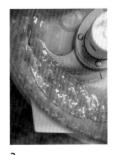
a

b

c

d

しっとりとやわらかく、風味のあるバターケーキに、あんずの甘煮をたっぷり入れた、お気に入りのケーキです。
生地、あんずソース、生地、あんずソースと2段に重ねるのがポイント。
ここでは直径18cmのフライパンを使って、4～6人で食べきれる量を焼き上げます。
フライパンは平たいので火の通りがよく、なんといっても手軽に作れるのがうれしいですね。

あんずケーキ

材料 直径18cmのフライパン1台分
薄力粉 100g
ベーキングパウダー 小さじ⅔
塩 ひとつまみ
バター(食塩不使用) 80～100g
グラニュー糖 70g
卵黄 2個分
メレンゲ
 ┌ 卵白 2個分
 └ グラニュー糖 少々
あんずの甘煮(60ページ参照) 20個
仕上げ用
 ┌ あんずソース(61ページ参照) 適量
 └ グランマルニエ 適量
下準備
・薄力粉、ベーキングパウダー、塩は
合わせてふるう。
・バターは室温に戻す。
・あんずの甘煮はフードプロセッサー
でざっと撹拌して粗くつぶす。
・オーブンを170～175℃に予熱する。
・フライパンにオーブンシートを敷く。

1 ボウルに卵白を入れてハンドミキサーで泡立て、グラニュー糖を2～3回に分けて加え、角が立つまでしっかり泡立てる(a)。
2 別のボウルにバターを入れてハンドミキサーで混ぜてクリーム状にし、グラニュー糖を2回に分けて加え、その都度白っぽくなるまでよく混ぜる。
3 卵黄を1個ずつ加え、その都度ハンドミキサーでよく混ぜる(b)。
4 ふるった粉類の¼量をさらにふるいながら加えて混ぜ(c)、メレンゲの¼量を加えてゴムベラでさっくりと混ぜる(d)。同様にして交互に2～3回に分けて加え、その都度ゴムベラで折り込んで合わせる(e)。
5 4の半量をフライパン(オーブン使用可のもの)に入れてならし、あんずの甘煮の半量をのせ、残りの4、残りのあんずの甘煮の順にのせる(f・g)。
6 175℃のオーブンで35分ほど焼く(h)。竹串を刺してみて、何もつかなければ焼き上がり。フライパンから出して網の上にのせ、あんずソースをグランマルニエまたは湯でのばしてハケでぬり、そのまま冷ます。

a

b

c

d

e

f

g

h

干しあんずに次いでよく作るドライフルーツの甘煮が、プルーンとクランベリー。
プルーンの甘煮は我が家のプリン（16ページ参照）に欠かせない存在。
ワインは赤でも白でも好みのほうでよく、作っておくと、デザートにもなり重宝します。

プルーンの甘煮、クランベリーの甘煮

プルーンの甘煮

材料　作りやすい分量
プルーン　400g
グラニュー糖　½〜⅔カップ
シナモンスティック　1本
赤ワイン　ひたひた

a

1　プルーン、グラニュー糖、シナモンスティックを鍋に入れ、赤ワインをひたひたより少なめに注ぎ入れ、プルーンがやわらかくなるまで弱火でコトコトと煮る（a）。
2　そのまま冷まし、煮汁ごと保存瓶に入れ、冷蔵庫に入れる。

クランベリーの甘煮

材料　作りやすい分量
クランベリー　250g
グラニュー糖　125g
水　1カップ強

a

1　クランベリー、グラニュー糖、水を鍋に入れ、クランベリーがやわらかくなるまで弱火でコトコトと煮る（a）。
2　そのまま冷まし、煮汁ごと保存瓶に入れ、冷蔵庫に入れる。

材料　作りやすい分量

薄力粉　100g

ベーキングパウダー　小さじ1

塩　ひとつまみ

バター（食塩不使用）50g

グラニュー糖　60g

卵　1個

牛乳　⅓カップ

クランベリーの甘煮　⅔カップ

仕上げ用

クランベリーの甘煮　適量

下準備

・バターは室温に戻す。

・薄力粉、ベーキングパウダー、塩は合わせてふるう。

・クランベリーの甘煮は汁気をきる。

・オーブンは180℃に予熱する。

1　ボウルにバターを入れて泡立て器でクリーム状になるまで混ぜ、グラニュー糖を入れてふんわりするまですり混ぜる。卵を加えてさらに混ぜ、牛乳を加えて混ぜ合わせる（a）。

2　ふるっておいた粉類を3回に分けてふるいながら加え、その都度泡立て器で混ぜ、途中からゴムベラで折り込むように混ぜる。こうすると粘りが出ない。

3　クランベリーの甘煮を加えて混ぜ合わせる（b）。

4　プリン型またはマフィン型にマフィンカップを敷き、3の生地を8分目まで入れ、上にもクランベリーの甘煮をのせる（c）。天板に並べ、180℃のオーブンで20分ほど焼く。

ひとつのボウルに材料を順番に混ぜていくだけの簡単な手順なので、ドライフルーツの甘煮さえあれば、すぐに作れます。

ふんわりやさしい生地と甘酸っぱいクランベリーの甘煮の組み合わせが絶妙です。

クランベリーのマフィン

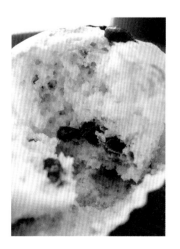

a

b

c

カスタードが好き

濃厚ながらサラッとした仕上がりのカスタードソース。
冷蔵庫で冷やしておき、
季節のフルーツにかけていただくのが我が家の定番です。
ここでは柑橘類を組み合わせましたが、いちご、バナナ、プラム、
ネクタリンなど、四季折々のフルーツで楽しめます。
好みでラム酒、コアントロー、ブランデーなどを少量加えても。

カスタードソースとフルーツ

a

b

材料　作りやすい分量
カスタードソース
┌ 卵黄　2個分
│ 牛乳　80㎖
│ グラニュー糖　大さじ3～4
│ 薄力粉　大さじ1
└ 生クリーム　大さじ2くらい
グレープフルーツ、甘夏、デコポン、
　オレンジ　各適量

1　カスタードソースを作る。鍋に卵黄を入れてゴムベラでほぐし、牛乳を少量加えてよく混ぜる。
2　1にグラニュー糖を少しずつ加えながらよく混ぜ、薄力粉を加えてよく混ぜ合わせる。
3　残りの牛乳を加えてよく混ぜ、ごく弱火にかけ、ゴムベラで混ぜながらとろりとするまで火を通す（a）。
4　ボウルに移して冷まし、生クリームを加えて混ぜる（b）。
5　フルーツを食べやすい大きさに切って器に盛り、カスタードソースをかける。

カスタードソースを作ったらレモンゼリーも作ります。
なぜって、この組み合わせがとてもいいから。
さわやかなレモンの風味とまろやかでコクのあるカスタードが絶妙にからみ合って、
大人も楽しめるデザートになります。レモンゼリーは50ページと作り方は同じですが、
カスタードソースをかけることが前提なのでグラニュー糖の分量を減らします。

レモンゼリーのカスタードソース

材料　作りやすい分量
カスタードソース（左ページ参照）　適量
レモンゼリー
┌ レモン（国産）　1個
│ 板ゼラチン　3〜4g（1.5g×2〜2 ½枚）
│ 水　1カップ
└ グラニュー糖　大さじ2

1　レモンゼリーは50ページを参照
して作り、器に流し入れて冷蔵庫で冷
やしかためる。
2　カスタードソースをのせる。

卵と牛乳、砂糖で作る、やさしい味わいのゼリー。
生クリームを入れるババロアよりもあっさりとして、軽やか。
これだけでもおいしいですが、メープルシロップをからめたトロピカルフルーツとともに
盛りつけると華やかな一皿になります。
ここではプリン型とゼリー型を使って1人分ずつかためましたが、
大きなリング型で作って切り分けてもいいですね。

カスタードゼリー

a

b

c

d

材料　作りやすい分量
カスタードゼリー
- 卵　1個
- 卵黄　1個分
- 牛乳　1¼カップ
- グラニュー糖　75g
- 板ゼラチン　6g(1.5g×4枚)
- ラム酒　少々
マンゴー　½個
ドラゴンフルーツ　½個
レモン果汁　½個分
メープルシロップ
　またははちみつ　適量

1　カスタードゼリーを作る。板ゼラチンは浸るくらいの水につけてふやかしておく。

2　鍋に牛乳とグラニュー糖を入れて火にかけ、グラニュー糖が溶けたら水気をきったゼラチンを加え(a)、沸騰させないようにして煮溶かす。ボウルに移して少し冷ます。

3　別のボウルに卵と卵黄を入れてほぐし、2を泡立てないように少しずつ加えてゴムベラでムラなく混ぜ(b)、漉し(c)、ラム酒を加える。

4　水でぬらした型に流し入れ(d)、冷蔵庫で冷やしかためる。

5　マンゴーとドラゴンフルーツは皮と種を除いて大きめの一口大に切り、レモン果汁とメープルシロップを加えて30分ほどマリネする。

6　4のゼリーをひっくり返して器に盛り、5のフルーツを添えてシロップかける。

カスタードクリームは、卵黄のコク、香り、味を楽しむクリーム。
そしてお菓子に展開するとき主役となる花形。
私が作り続けているカスタードクリームは、若い頃に宮川敏子先生に習ったもの。
すこぶるおいしく、なめらかなのにだれないのが魅力です。
絶対焦がさないように、しっかりとかき混ぜ続けるのがコツです。

カスタードクリームを作る

材料　作りやすい分量
薄力粉　60g
コーンスターチ　15g
グラニュー糖　125g
牛乳　2¼カップ
卵黄　5個分
ラム酒（好みで）　大さじ2
バター（食塩不使用）　大さじ2

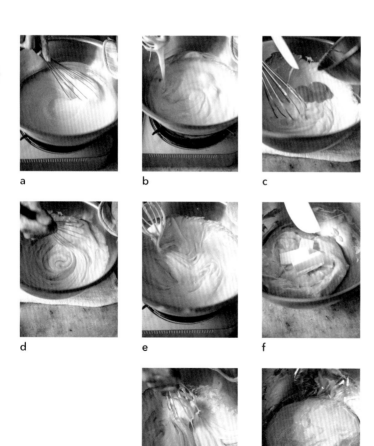

a　　　b　　　c

d　　　e　　　f

g　　　h

1　ボウル（ステンレスボウルなど直火にかけられるタイプ）に薄力粉、コーンスターチ、グラニュー糖を入れ、泡立て器でよく混ぜ、牛乳を2回くらいに分けて少しずつ加え、泡立て器でよく溶く。ザルで漉す。

2　ぬれ布巾をそばに用意し、1を中火にかけ、泡立て器で焦げつかないようにしっかり混ぜていく（a）。

3　もったりとしてきたら、休まずにかき混ぜ続け、底からプクッと気泡が出てきたら（b）、ぬれ布巾の上におく。

4　卵黄を1個ずつ加え（c）、その都度しっかりと混ぜる。（d）。

5　再び中火にかけ、気泡がプクッとなってくるまでかき混ぜ続け（e）、火からおろす。

6　熱いうちにラム酒を入れ、バターを加え（f）、泡立て器で混ぜて溶かし込む（g）。ラップを貼りつけて粗熱を取る（h）。保存は冷蔵庫か冷凍庫で。

カスタードクリームに泡立てた生クリームを6対4の割合で混ぜ、
食パンにはさむと、ふわふわ、しっとりの幸せな食感。
ほかには何も入れず、クリームを味わいます。
食パンの端までたっぷりとカスタードクリームをぬっておくと、
最後の一口まで全部おいしい！

カスタードサンド

材料 作りやすい分量
カスタードクリーム（左ページ参照） 適量
生クリーム 適量
食パン（8枚切り） 4枚

1 生クリームはボウルに入れ、角が
立つくらいしっかりと泡立てる。
2 別のボウルにカスタードクリーム
を入れ、1を加えて混ぜ合わせる（a・b）。
3 食パンの耳を切り落として2枚一
組にし、2のクリームをたっぷりのせ
てはさみ（c）、手で軽く押さえる。食
べやすい大きさに切り分ける。

a　　　　　　　b　　　　　　　c

冷凍パイシートを使った、思い立ったらすぐにできるおやつ。
カスタードクリームは冷蔵庫で3〜4日保存できるので、
残っている分でパパッと作れるのがうれしいですね。
フルーツもあり合わせのもので OK。
おいしくいただくポイントは、食べる直前に重ねること。

カスタードパイ

材料　作りやすい分量
冷凍パイシート　1枚
カスタードクリーム（70 ページ参照）
　適量
生クリーム　適量
いちご、バナナ　各適量
下準備
・オーブンは 220℃に予熱する。

1　冷凍パイシートは縦5等分に切り（a）、フォークで表面に穴をあけ（b）、5等分に切り分ける。
2　オーブンシートを敷いた天板に間隔をあけて並べ、220℃のオーブンで20分ほど焼く。おいしそうな焼き色がついたら取り出し、冷ます。
3　生クリームをボウルに入れ、角が立つくらいしっかりと泡立てる。
4　別のボウルにカスタードクリームを入れ、3を加えて混ぜ合わせる（c）。カスタードクリームと生クリームの割合は6対4の割合。
5　いちごはヘタを取って縦半分に切る。バナナは皮をむいて2cm幅に切る。
6　4のクリームを口金をつけた絞り袋に入れ、パイの上に絞り出し（d）、いちごまたはバナナをのせる。

a

b

c

d

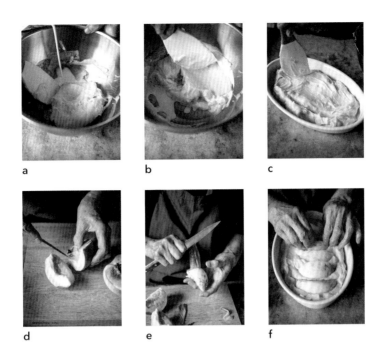

a   b   c

d   e   f

カスタードクリームに生クリームを加えて少しゆるめ、
フルーツとともにオーブンで焼き上げた、ホットなおやつ。
グラニュー糖をふって表面をキャラメリゼして仕上げるとカリッと香ばしく、
なめらかで温かいカスタードクリームと桃の甘みと香りがグンと引き立ちます。
桃のほか、ぶどう、バナナ、マンゴー、パイナップルで作っても美味。

桃のカスタード焼き

材料　作りやすい分量
桃　1個
カスタードクリーム (70ページ参照)
　2カップ
生クリーム　大さじ3くらい
グラニュー糖　少々
下準備
・オーブンは210℃に予熱する。

1　カスタードクリームをボウルに入れ、生クリームを加えてゴムベラで混ぜる (a・b)。
2　耐熱皿にバター (食塩不使用。分量外) をぬり、1を入れてならす (c)。
3　桃は種をよけながらくし形に切って皮をむき (d・e)、2に並べてのせ、カスタードクリームに少し押し込むようにする (f)。
4　グラニュー糖をふり、 210℃のオーブンで、焼き色がつくまで15〜20分ほど焼く。

1 レモン餅を作る。ボウルに卵、レモン果汁、分量の水を入れて泡立て器で混ぜる。

2 別のボウルに薄力粉をふるい入れ、白玉粉、上白糖を加えて泡立て器で混ぜ、1を少しずつ加えながらよく混ぜる（a）。

3 ザルなどで漉し（b）、レモンの皮のすりおろしを加えて混ぜる（c）。30分ほどおく。

4 フライパンに太白ごま油をなじませ、3を大さじ1強ずつ流し入れ（d）、楕円に広げる。底面が焼けたら裏返し（e）、表面を乾かす程度に両面焼く。焼けたらオーブンシートの上にのせて冷まし、乾燥しないようにラップをぴったりかけておく。

5 カスタードクリームを絞り袋に入れ、レモン餅の中央に絞り出し（f）、クルッと巻く（g・h）。

材料 作りやすい分量
レモン餅（12〜13枚分）
薄力粉 100g
白玉粉 5g
上白糖 60g
卵 1個
レモン果汁 大さじ2
水 80〜100㎖
レモン（国産）の皮の
　すりおろし 小さじ1
太白ごま油 少々
カスタードクリーム
　（70ページ参照） 適量

レモン風味の薄い餅皮でカスタードクリームを巻いた、日本茶にも紅茶にも合う、モダンなおやつ。
餅皮はそのきれいな色を生かしたいので、焼き色がつかないように焼くのがポイント。
焼いたらザルにのせて冷まし、乾燥しないようにラップではさんでおくと、
きれいに巻けて、しっとりおいしくいただけます。桜餅をもじってこの名に。

レモン餅

a

b

c

d

e

f

g

h

一口頬張ると春巻きの皮はパリッ、カスタードクリームはとろりとやわらかで、
子どもの頃に食べたような、ちょっと懐かしい味。
揚げたてアツアツを切り分けて、シナモンパウダーを
たっぷりふっていただきます。中温でゆっくり揚げるのがポイント。
バナナやパイナップルを刻んで一緒に包んでもいいですね。

カスタード春巻き

材料　作りやすい分量
カスタードクリーム（70ページ参照）
　1カップ
生クリーム　大さじ2
春巻きの皮　4枚
水溶き小麦粉　適量
　小麦粉と水は1対1の割合
揚げ油　適量
シナモンパウダー　適量

1　カスタードクリームをボウルに入れ、生クリームを加えてゴムベラで混ぜる。
2　春巻きの皮に1の¼量をのせ、巻き終わりに水溶き小麦粉をぬる（a）。手前から巻き（b）、左右にも水溶き小麦粉をぬって折り込み、巻き終わりはしっかりと留める。
3　揚げ油を160〜170℃の中温に熱して春巻きを入れ（c）、きつね色になるまでときどき返しながら揚げる（d）。
4　熱いうちに切り分けて器に盛り、シナモンパウダーをたっぷりとふる。

a

b

c

d

春巻きの皮で
シガー

材料　作りやすい分量
春巻きの皮　6枚
バター（室温に戻したもの）　適量
グラニュー糖　大さじ6

1　春巻きの皮にまんべんなくバターをぬり（a）、グラニュー糖を大さじ1ずつ全体にふり（b）、端から細く巻く（c）。
2　オーブントースターの天板に並べ、表面がカリッとするまで焼く。

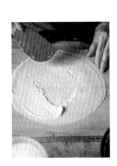
a

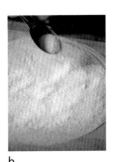
b

c

パリ・ブレスト　作り方は82ページ

シュークリーム 作り方は83ページ

丸くリング形に絞って焼いたシュー生地に、たっぷりのカスタードクリームと
生クリームをはさんだ、ふっくらした姿が愛らしいシュー菓子です。
みんなで切り分けていただくのが楽しく、シュークリームとはまた違ったおいしさを感じます。

パリ・ブレスト

材料 直径約25cmのもの1台分

シュー生地
- 薄力粉 70g
- 水 150ml
- グラニュー糖 ひとつまみ
- 塩 ひとつまみ
- バター（食塩不使用） 60g
- 卵 2～3個

カスタードクリーム（70ページ参照）
　適量

生クリーム 200ml

グラニュー糖 大さじ2

粉糖 適量

下準備

・薄力粉はふるう。

・卵は割りほぐす。

・シュー生地が丸く絞りやすいように
オーブンシートに折り目をつけ、天板
に敷く。

・オーブンは200℃に予熱する。

1 小さめの鍋に分量の水を入れて強
めの中火にかけ、沸いてきたらグラニ
ュー糖を加え、溶けたら、塩とバター
を加えて溶かす（a）。

2 フツフツしてきたら薄力粉を一度
に加え（b）、木ベラでよく混ぜる（c）。
粉に火が通り、つきたての餅のような
弾力のあるかたさになったら（d）、火
からおろす。

3 卵の⅓量を加え（e）、均一に混ざ
るまでよく練り混ぜる。生地の様子を
みながら残りの卵を少しずつ加えて練
り混ぜる。生地を木ベラですくうとひ
とかたまりがぽたっと落ち、続いて三
角形のひらひらになって落ちるくらい
のかたさになったら（f）、卵を加える
のをやめる。

4 丸形口金をつけた絞り袋に入れ、
天板の大きさに合わせて丸く絞り出す
（g）。その大きさを目安に3～4重に
絞り出し（h）、上の部分を水をつけた
指で押さえる（i）。

5 霧をたっぷり吹いて、200℃のオ
ーブンで30分ほど焼く（j）。

6 カスタードクリームを丸形口金を
つけた絞り袋に入れる。生クリームは
グラニュー糖を加えて角が立つまでし
っかりと泡立て、別の丸形口金をつけ
た絞り袋に入れる。

7 シュー生地の粗熱が取れたら横半
分に切り、切り口にカスタードクリー
ム、生クリームの順にたっぷりと絞り
出し、元の形に戻す。器に盛り、粉糖
を茶漉しでふる。

a　　　b　　　c　　　d　　　e

f　　　g　　　h　　　i　　　j

家族のリクエストに応えて繰り返し作ってきた、カスタードクリームのお菓子。
そのときの気分で、カスタードのみ、カスタードと生クリームのミックス、
カスタードと生クリームの2層……と、楽しみ方はいろいろ。
いずれにしてもおいしくいただくポイントは、食べる直前にはさむこと！

シュークリーム

材料　直径約6cmのもの17～18個分
シュー生地（左ページ参照）　全量
カスタードクリーム（70ページ参照）
　適量
生クリーム　200ml
グラニュー糖　大さじ2
粉糖　適量
下準備
・薄力粉はふるう。
・卵は割りほぐす。
・オーブンは200℃に予熱する。

1　シュー生地はパリ・ブレストの作り方**1**～**3**を参照して作る。
2　**1**を丸形口金をつけた絞り袋に入れ、オーブンシートを敷いた天板に間隔をあけて直径約3cmに絞り出し、尖った部分を水をつけた指で押さえる。
3　霧をたっぷり吹いて、200℃のオーブンで20分ほど焼き、オーブンから出して粗熱を取る（**a**）。
4　カスタードクリームを丸形口金をつけた絞り袋に入れる。生クリームはボウルに入れてグラニュー糖を加え、ボウルの底を氷水につけて角が立つまでしっかりと泡立て（**b**）、別の丸形口金をつけた絞り袋に入れる。
5　シューの半分より少し上で横に切り（**c**）、カスタードクリームを絞り出し（**d**）、生クリームを絞り出す（**e**）。器に盛り、粉糖を茶漉しでふる。

a

b

c

d

e

ふんわりスポンジが食べたい

四角い天板やバットで薄く焼き上げるスポンジケーキは、
15分もあれば焼けてしまうのでとっても手軽！ そのまま巻いて
ロールケーキにしたり、切って重ねてショートケーキにしたり……と
いろいろに使えますが、ここで紹介するのは、
ふわっとしたスポンジケーキだけを楽しむ一皿。
スポンジのイエローに粉糖をふるだけの、この美しさが好きです。

薄切りスポンジの粉糖がけ

材料 16 × 21 × 4.5cmの
　バット1台分
薄力粉　50g
コーンスターチ　30g
卵　3個
グラニュー糖　50g
牛乳またはぬるま湯　大さじ1
レモン果汁　½個分
レモン（国産）の皮の
　すりおろし　½個分
粉糖　適量
下準備
・薄力粉とコーンスターチは合わせて
2回ふるう。
・牛乳は人肌くらいの温度に温める。
・バットにわら半紙またはオーブンシ
ートを敷く。
・オーブンを170℃に予熱する。

1　ボウルに卵を割り入れてハンドミキサーで軽くほぐし、グラニュー糖を加えて混ぜる。
2　1を約50℃の湯煎にかけてさらに泡立て（a）、白っぽくもったりとするまで4～5分泡立てる。卵液は人肌より温かい40℃弱になるので、指で確認するといい（b）。
3　湯煎からはずし、卵液が冷めるまで泡立て（c）、ハンドミキサーを持ち上げたとき、小犬のしっぽのようにプラプラする状態になるまで泡立てる。レモン果汁を加えて混ぜ（d）、持ち上げると字が描けるくらいの状態にする（e）。最後はミキサーを低速に落とし、きめを細かく整える。

4　レモンの皮と牛乳を加え（f）、泡立て器で軽く混ぜる。
5　ふるっておいた粉類を2～3回に分けて加え、その都度ゴムベラで泡をつぶさないように混ぜる（g・h）。底のほうからすくい上げ、折り込むようにする。
6　バットに5の生地を流し入れ（i）、カードなどで生地を全体に広げる。
7　170℃のオーブンで13～15分焼く。竹串を刺して、何もついてこなければ焼き上がり。
8　スポンジを天板から取り出し、ひっくり返した角ザルなどの上にのせて冷まし、オーブンシートをはがす（j）。
9　好みの大きさに切って器に盛り、粉糖を茶漉しでふる。

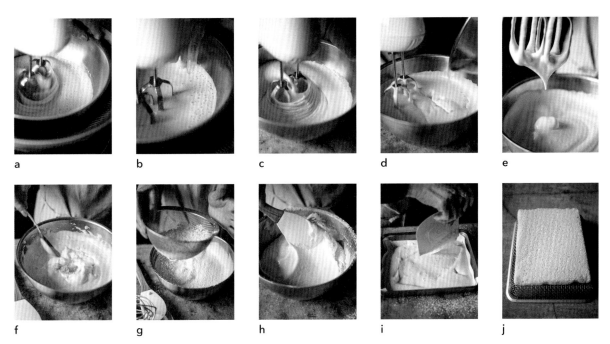

a　　　b　　　c　　　d　　　e

f　　　g　　　h　　　i　　　j

ヴィクトリアケーキ　作り方は90ページ

カップケーキ 作り方は91ページ

ヴィクトリア女王ゆかりの、イギリスで最も親しまれているお菓子で、
プレーンなバターケーキにラズベリージャムと生クリームを
サンドしただけのシンプルなもの。
ラズベリージャムが甘いので、生クリームは砂糖を控えめにします。
生クリームは別添えにし、各自好きなだけかけていただくのが我が家風。

ヴィクトリアケーキ

材料　直径15×高さ6cmの丸型・
　底取タイプ1台分

薄力粉　90g

ベーキングパウダー　小さじ½

卵　3個

グラニュー糖　75g

水　大さじ1

バター（食塩不使用）　30g

ラズベリージャム（作りやすい分量）

　ラズベリー　250g

　グラニュー糖
　　ラズベリーの重量の半量

生クリーム　1カップ

グラニュー糖　大さじ1

粉糖　適量

下準備

・薄力粉とベーキングパウダーは合わ
せてふるう。

・バターはボウルに入れて湯煎で溶かす。

・型の底面と側面にわら半紙またはオー
ブンシートを敷く。

・オーブンは175℃に予熱する。

1　ラズベリージャムを作る。ラズベ
リーは洗って鍋に入れ、グラニュー糖
を全体にふりかけてしばらくおく。弱
火にかけ、ときどきアクを取りながら
煮、フォークなどで軽くつぶす。木ベ
ラで鍋底をこすったとき、跡がしっか
りと残るくらいまで煮つめる。熱いう
ちに保存瓶につめ、逆さまにして完全
に冷めるまでおく。

2　スポンジを焼く。ボウルに卵を入
れてハンドミキサーでよく混ぜ、グラ
ニュー糖の⅓量を加える。ボウルの底
を沸騰しない程度の湯に当て、湯煎に
かけながら混ぜ、残りのグラニュー糖
を2回に分けながら加えて混ぜる（a）。

3　白っぽくもったりするまで泡立て、
湯煎からはずし、さらに泡立てる（b）。

ハンドミキサーを持ち上げたとき、生
地が小犬のしっぽのようにプラプラす
る状態になるまで泡立てる（c）。

4　分量の水を加えて混ぜる。水を加
えると粉類が混ぜやすくなる。

5　ふるっておいた粉類を4回に分け
てふるいながら加え、その都度ゴムベ
ラで混ぜる（d）。

6　5の適量を溶かしておいたバター
に加え（e）、泡立て器でよく混ぜ、5
のボウルに戻し入れてゴムベラで混ぜ
合わせる。

7　型の8分目まで流し入れ（f）、型
ごとトンと1回落とし、175℃のオー
ブンで25～30分焼く。※余った生地
の活用法は91ページを参照。

8　竹串を刺してみて何もついてこな
ければ焼き上がり。型からはずし、網
にのせて冷ます。

9　スポンジケーキの厚みを半分に切
り、ラズベリージャムをぬってはさみ、
元の形に戻す（g）。粉糖を茶漉しなど
でふる。生クリームにグラニュー糖を
加えて8分立てにした生クリームを添
える。

a

b

c

d

e

f

g

ヴィクトリアケーキの生地が余ったら、
バットに流して焼いて、クルクルッと巻くだけ。
冷蔵庫にあるフルーツと一緒に盛り合わせ、生クリームを
たっぷり添えてテーブルへ。各自好きなように取り分けて、
ショートケーキさながらのおいしさを楽しみます。

a

スポンジロールとフルーツ

材料　作りやすい分量
ヴィクトリアケーキの生地
　（90ページ参照）　適量
バナナ　1本
いちご　10粒くらい
生クリーム　1カップ
グラニュー糖　大さじ1
下準備
・バットにわら半紙またはオーブンシートを敷く。
・オーブンを170℃に予熱する。

1　ヴィクトリアケーキの生地をバットに流し入れ、カードなどで生地を全体に広げる。
2　170℃のオーブンで13〜15分焼く。竹串を刺して、何もついてこなければ焼き上がり。
3　スポンジを天板から取り出し、ひっくり返した角ザルなどの上にのせて粗熱を取り、わら半紙をはがす。
4　焼き色がついた面を内側にしてロール状に巻き、保存容器に入る長さに

切ってぴったりと入れ、そのまま落ち着かせる（a）。このままふたをして保存してもいい。
5　バナナは皮をむいて輪切りにし、いちごはヘタを取って縦半分に切る。生クリームはグラニュー糖を加えて角が立つくらいまで泡立てる。
6　4のスポンジロールを食べやすい厚さに切って器に盛り、バナナといちごを彩りよく散らして盛りつける。生クリームを別の器に入れて添える。

ヴィクトリアケーキの生地が余ったら、カップケーキの型に流し入れて
焼き上げ、ホイップクリームをつめて仕上げます。
ふんわり軽い食感だから、いつ食べても飽きないのが魅力。
ヴィクトリアケーキを焼くときに一緒に焼いてもOK。

カップケーキ

材料　作りやすい分量
ヴィクトリアケーキの生地
　（90ページ参照）　適量
生クリーム　1カップ
グラニュー糖　大さじ1

a

b

下準備
・オーブンを175℃に予熱する。
・直径3cm程度の抜き型を用意する。なければ、クリアファイルを切ってクルッと巻いてテープで留め、直径3cm程度の筒型を作る。

1　マフィン型やココットに紙ケースを入れ、ヴィクトリアケーキの生地を流し入れる。
2　175℃のオーブンで15分ほど焼く。竹串を刺して、何もついてこなければ焼き上がり。型から取り出して冷ます。
3　生クリームにグラニュー糖を加え、角が立つくらいまで泡立てる。星形口金をつけた絞り袋に入れる。
4　ケーキの中央に抜き型を差し入れてスポンジを抜き取り（a）、3の生クリームを適量絞り入れ（b）、抜き取ったスポンジをのせる。

パリッとおやつピッツァ

ここで使うのはイーストなしの生地。
薄力粉、オリーブオイル、塩、水で作るシンプルな生地を薄く楕円形にのばし、
フルーツとハーブをのせてオーブンで焼き上げます。
ポイントは、生地をごくごく薄くのばすこと、
焼く前に上質で香りのいいオリーブオイルを回しかけること。
軽い生地なのでコーヒーや紅茶によく合います。
キーンと冷えた白ワインにも合います。

フルーツとハーブの薄焼きピッツァ

1 ボウルに薄力粉をふるい入れ、オリーブオイルと塩を加え、分量の水を少しずつ入れてよくこねる。ひとまとめにして30分ほどラップをかけてねかせる。
2 1の生地を薄力粉（分量外）をふった台の上に移し、半分に切り分ける。
3 めん棒でざっと楕円形にのばし、ごく薄くのばす（a・b）。めん棒にも薄力粉をつけるとやりやすい。
4 めん棒に巻きつけて移動させ、天板の上に広げる。もう1枚も同様にして並べる（c）。
5 1枚にはラズベリーをのせてタイムの葉を散らし、グラニュー糖大さじ2をふりかける（d）。もう1枚にはぶどうをのせてローズマリーの葉を散らし（e）、グラニュー糖大さじ2をふりかける。
6 オリーブオイルを全体にたらしかけ（f）、190℃のオーブンで25分ほど、こんがり焼き色がつくまで焼く。焼き上がったら熱いうちに切り分ける。

材料 作りやすい分量
生地
- 薄力粉 200g
- オリーブオイル 大さじ2
- 塩 ふたつまみ
- 水 ⅔カップ

ラズベリー 適量
ぶどう 適量
タイム、ローズマリー 各少々
グラニュー糖 大さじ4
オリーブオイル 適量

下準備
・オーブンを190℃に予熱する。
・天板にオーブンシートを敷く。

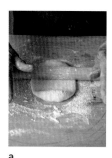
a

b

c

d

e

f

ここで作るのはイーストを入れたタイプの生地。強力粉と薄力粉をミックスした生地を一次発酵させて使います。

薄く丸くのばして油に入れると、とたんにぷくっと大きく膨らんで、それだけでおいしそう。

揚げたてアツアツにシナモンパウダーとメープルシュガーをたっぷりふってでき上がり。

ぷーっと膨らんだり、少し膨らんだり、温度や生地の具合によって形に変化がありますが、それも楽しみのうち。

シナモン風味の揚げピッツァ

材料　作りやすい分量

生地

┌ 強力粉　150g

│ 薄力粉　150g

│ 塩　少々

│ ドライイースト　4g

└ ぬるま湯　150mℓくらい

揚げ油（できればオリーブオイル）　適量

メープルシュガー　適量

シナモンパウダー　適量

1　ボウルに強力粉、薄力粉、塩、ドライイーストをふるい入れ、ぬるま湯を少しずつ加えて混ぜる。耳たぶくらいのかたさになったら台の上に取り出し、よくこねてなめらかな生地にする。

2　別のボウルに薄くオリーブオイル（分量外）をぬり、1をきれいに丸めて入れ、ラップをして暖かい場所（30℃くらい。オーブンの近くや、冬は日の当たる窓辺など）に1時間ほどおいて発酵させる。約3倍に膨らむ（a）。

3　膨らんだ生地の真ん中を握りこぶしでつぶしてガス抜きをし、丸め直し、薄力粉（分量外）をふった台の上に取り出す。

4　めん棒で少しならしてカードで切り分け、ピンポン玉くらいの大きさに丸める（b・c・d）。生地の表面を下に巻き込むようにして生地を張らせて丸めるといい。

5　めん棒で丸くのばす（e）。

6　揚げ油を170℃くらいの中温に熱し、5を2枚入れ（f）、トングや箸などでときどき軽く全体を押さえながら（g）、両面きつね色になるまでパリッと揚げる。網に取り（h）、メープルシュガー、シナモンパウダーの順にふる（i）。

a　　b　　c　　d　　e

f　　g　　h　　i

オリーブオイルで作るケーキ

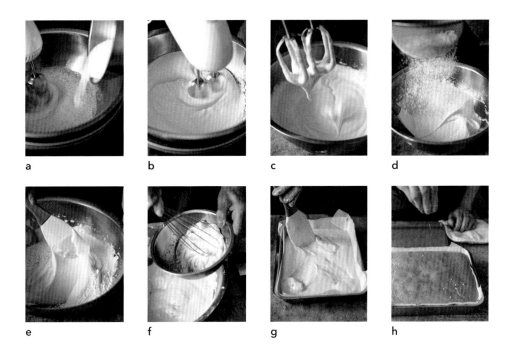

a　　　　　b　　　　　c　　　　　d

e　　　　　f　　　　　g　　　　　h

スポンジケーキの材料のバターをオリーブオイルに替えた、シンプルなケーキです。
きめ細かくしっとりした食感で甘さ控えめ。オリーブオイルをたっぷりかけていただくのが特徴です。
イタリア・マルフーガ社のエキストラバージンオリーブオイルを使うことから、マルフーガケーキと命名。

マルフーガケーキ

材料　21×25×4.3cmの
　　バット1台分
薄力粉　90g
ベーキングパウダー　小さじ⅓
卵　3個
グラニュー糖　90g
牛乳　大さじ1
オリーブオイル　大さじ3
粗塩　少々
グリーンオリーブ　適量
下準備
・薄力粉とベーキングパウダーは合わ
せてふるう。
・牛乳は人肌に温める。
・バットにオーブンシートを敷く。
・オーブンを170℃に予熱する。

1　卵をボウルに割り入れてハンドミ
キサーで混ぜ、グラニュー糖の⅓量を
加えて混ぜる。湯煎にかけ、残りのグ
ラニュー糖を2回に分けて加え（a）、
その都度ハンドミキサーで泡立て、白
っぽく、リボン状になるまで泡立てる
（b）。
2　人肌より温かくなったら（約40℃）
湯煎からはずし、室温に戻るまでさら
に泡立てる。持ち上げたとき、盛り上
がった部分が消えないくらいになった
らOK（c）。最後は低速にしてきめを
整える。
3　人肌に温めた牛乳を加えてゴムベ
ラで混ぜ、ふるっておいた粉類を3回
に分けてふるい入れ（d）、その都度ゴ
ムベラで底からすくうように、粉気が

なくなるまでよく合わせる（e）。
4　小さなボウルにオリーブオイルを
入れ、3の生地を大さじ3ほど加えて
泡立て器でよく混ぜ合わせ（f）、3に
回し入れる。底からすくうようにして、
練らないように混ぜる。
5　バットに流し入れ、ゴムベラで表
面を平らにする（g）。
6　170℃のオーブンで25～30分焼
く。竹串を刺して何もつかなければ
OK。熱いうち粗塩をふり（h）、粗熱
が取れたらバットから出し、網にのせ
て冷ます。
7　好きな大きさに切り分けて器に盛
り、グリーンオリーブをのせ、オリー
ブオイル（分量外）をかける。

オレンジの香り豊かなケーキに、無雑作にあふれるほどの生クリーム。
イタリアに住みはじめた頃、フィレンツェのマンマに教わったケーキで、そのときはパイ皿で焼いていました。
バターではなくオリーブオイルを入れるのが特徴。
日本のオレンジで作ってもおいしく、シンプルゆえの美しさがあります。

オレンジケーキ

材料　直径18.5cmのマンケ型1台分
生地
- 薄力粉　100g
- ベーキングパウダー　小さじ1
- 卵　2個
- グラニュー糖　100g
- 牛乳　大さじ3
- オレンジ果汁　大さじ3
- オレンジ（ノーワックス）の皮の
  すりおろし　1個分
- オリーブオイル　大さじ4〜5

生クリーム　400mℓ
グラニュー糖　大さじ2
粉砂糖　適量

下準備
・薄力粉とベーキングパウダーは合わせてふるう。
・型の底にオーブンシートを敷き、側面には薄くオリーブオイル（分量外）をぬる。
・オーブンを200℃に予熱する。

1　ボウルに卵を割り入れてハンドミキサーで混ぜ、グラニュー糖を加えて混ぜ、白っぽく、もったりするまで泡立てる。

2　牛乳とオレンジ果汁を加えて混ぜ（a）、オレンジの皮のすりおろしを入れて混ぜ、オリーブオイルを加え（b）、よく混ぜる。

3　ふるっておいた粉類をふるい入れ、泡立て器で混ぜ合わせる（c）。

4　型に3を流し入れ（d）、200℃のオーブンで30分ほど焼く。

5　竹串を刺して何もつかなければOK。網にのせて粗熱を取り（e）、ひっくり返して型からはずす（f）。オーブンシートをはがし、厚みを半分に切る。

6　生クリームはボウルに入れてグラニュー糖を加え、ボウルの底を氷水につけて角が立つまでしっかりと泡立てる（g）。

7　5のケーキの切り口に生クリームをたっぷりとのせ、スポンジを元の形に戻す（h）。粉糖を茶漉しなどでふる。

a

b

c

d

e

f

g

h

白玉を作ったら

つるつる、もちもち、口当たりもひたすらやさしい、そんな白玉が大好きです。
扱いも簡単で、耳たぶくらいのかたさに練れば、それでもう大丈夫。
丸めてゆで、一度氷水に取って冷やしたあと、
どんな味をからめようかを考えるのも楽しい。ここではどこのお宅にもある
白ごまと取り合わせます。黒ごまや黒ごまペーストもおすすめ。
冬はゆでたての温かいものをからめてもいいですね。

白玉ごま団子

a

b

c

d

e

f

g

材料　作りやすい分量
白玉
┌ 白玉粉　200g
└ 水　1カップ
白炒りごま　適量
グラニュー糖
　またはメープルシュガー
　適量

1　ごまは、封を切ってあるものはフライパンか鍋に入れて弱火で炒り直す。すり鉢やフードプロセッサーで粗くすり、グラニュー糖と合わせる。ごまとグラニュー糖の割合は2対1の割合。

2　白玉を作る。ボウルに白玉粉を入れ、水を少しずつ加えながら手でよくこね、耳たぶくらいのかたさに練る（a）。白玉粉の種類、気温や湿度などによって加える水の量が変わるので、手でこねながらかたさを確認する。

3　10～20分休ませる。これでより

なめらかな食感になる。

4　ちぎって手のひらで転がして丸める（b）。直径2cmくらいが目安。角プレートなどに間隔をあけて並べていく（c）。

5　鍋にたっぷりの湯を沸かし、4を適量ずつ入れてゆでる（d）。浮いてきてからさらに1～2分ゆで（e）、やわらかさをみる。すぐに氷水に取って冷やす（f）。

6　水気をきってボウルに入れ、1を加えてからめる（g）。

材料　作りやすい分量
白玉
┌ 白玉粉　150g
└ 水　適量
あんずの甘煮 (60ページ参照)　適量
あんずの甘煮のシロップ　適量

1　白玉は100ページの作り方**2〜3**を参照して作り、ちぎって手のひらで転がして丸め、あんずと同じくらいの大きさにして真ん中をくぼませる。角プレートなどに間隔をあけて並べていく (a)。
2　鍋にたっぷりの湯を沸かし、**1**を適量ずつ入れてゆでる。浮いてきてからさらに1〜2分ゆで、すぐ氷水に取って冷やす。
3　水気をきって器に入れ、あんずの甘煮も入れ、あんずのシロップを注ぐ。

あんずの甘煮と白玉は、昔からおなじみのシンプルでおいしい組み合わせ。
あんずのシロップをかけていただきます。
アイスクリームをのせたり、黒豆の甘煮を加えても。

あんず白玉

a

材料　作りやすい分量
白玉
┌ 白玉粉　100g
└ 水　適量
揚げ油　適量
上白糖　適量

1　白玉は100ページの作り方**2～3**
を参照して作り、ちぎって手のひらで
転がして2～3cm大に丸め、真ん中を
くぼませる。角プレートなどに間隔を
あけて並べていく。
2　揚げ油を170℃くらいに熱し、**1**
を適量ずつ入れ、揚げ色が少しついた
ら上下を返し（a）、プクッとはじける
まで揚げる。
3　油をきって器に盛り、上白糖を指
でつまんでのせる。

白玉はゆでることが多いですが、実は揚げてもおいしい。
揚げたてのアツアツに砂糖をのせてそのまま頬張ると、
表面はサクッ、中はもっちり。このときばかりは上白糖がおすすめです。

揚げ白玉

a

豆をゆでたら

豆は1袋まとめてゆで、ゆで汁ごと小分けにして冷凍しておくのが日常です。
この豆クリームは、そんな冷凍豆を解凍して作ったおやつ。
豆本来の味を楽しみたいので、メープルシュガーでうっすら甘くする程度。

豆クリーム

材料　4人分
白花豆または白いんげん豆
　（ゆでたもの＊）　1½カップ
メープルシュガー　大さじ3
ホイップクリーム
　┌ 生クリーム　200mℓ
　└ メープルシュガー　大さじ1

＊白花豆、白いんげん豆のゆで方……豆
300gを水1300mℓに浸し、夏なら冷蔵庫で、
涼しい季節なら室温で1〜2晩おく。水を取
り替えて鍋に移し、強火にかけてアクを取り、
差し水をしながら弱火で1時間ほどゆでる。

1　フードプロセッサーに汁気をきっ
た白花豆とメープルシュガーを入れ（a）、
ふんわりとなめらかになるまで撹拌す
る（b）。
2　生クリームはメープルシュガーを
加えて角が立つまで泡立てる。
3　器に1を盛り、生クリームをのせ、
ゆでた白花豆（あれば。分量外）をの
せる。

a　　　　　　b

ゆでた豆をメープルシロップに浸すだけでもおいしいですが、
ここではシナモンスティックと八角を加えてマリネし、
オリエンタルな味に仕上げます。保存容器に入れて冷蔵庫で2〜3日保存可。

白花豆のメープルシナモンマリネ

材料 作りやすい分量
白花豆（ゆでたもの。左ページ参照）
　2カップ
メープルシロップ　適量
シナモンスティック　1本
八角　1個

1　保存容器に汁気をきった白花豆を
入れ、メープルシロップをひたひたに
注ぎ入れ、シナモンスティックと八角
を入れる。
2　味がなじんで香りがつくまで半日
ほどマリネする（a）。

a

きゅうりサンド　　作り方は108ページ

スモークサーモンのオープンサンド　　作り方は109ページ

サンドイッチ3組にきゅうり8本！ 塩もみしてしっかりと絞ったきゅうりを、
パンの端から出るほどにたっぷりとのせ、これまたたっぷりのバターをぬったパンではさむのが、
おいしさの秘訣。きゅうりサンドは我が家ではこれに限ります。

きゅうりサンド

材料　3〜4人分
きゅうり　8本
サンドイッチ用食パン（耳あり）　6枚
バター（有塩）　30〜40g

1　バターは室温に戻す。
2　きゅうりは縦半分に切ってスプーンで種の部分を削り取り、斜め薄切りにする。塩（きゅうり100gに対して小さじ1。分量外）をふり、手でもんで20分ほどおいて水分を出す（a）。
3　2のきゅうりを少量ずつさらしで包んで水気を絞り、水気が出なくなるまで3〜4回、とことん絞る（b）。少量ずつ絞ったほうがよく絞れる。
4　パンは2枚1組にし、片面にバターをたっぷりとぬり（c）、そのうち3枚に2のきゅうりを端までのせ、もう1枚のパンをのせてはさむ（d）。
5　手で少し押さえてラップで包み（e）、しばらくおいて落ち着かせる。耳を切り落とし、4等分に切る。

a　　　　　　　　　　b

c　　　　　　　　　　d　　　　　　　　　　e

スモークサーモンのオープンサンド

白い食パンで作るきゅうりサンドの相方は、茶色の食パンのオープンサンド。
ここではスモークサーモンを用いましたが、ツナ、ハム、生ハムでも。
玉ねぎスライスとディルで食感と香りをプラスします。

材料　4人分
スモークサーモン　大4枚
紫玉ねぎ　薄い輪切り1枚
サンドイッチ用食パン（茶、耳なし）
　2枚
マヨネーズ　少々
ピクルス（コルニッション）、
　ディル　各適量

1　紫玉ねぎは層をバラバラにする。
2　パンを半分に切ってマヨネーズを薄くぬり、スモークサーモン、紫玉ねぎをのせ、ピクルスとディルを添える。

材料　16×21×高さ4.5cmの
　バット1台分
にんじん　2本
薄力粉　120g
ベーキングパウダー　小さじ1½
塩　ひとつまみ
バター（食塩不使用）　70g
グラニュー糖　80g
卵　3個
レモン（国産）の皮のすりおろし
　½個分
レモン果汁　½個分
マスカルポーネクリーム
┌ マスカルポーネチーズ　125g
└ 粉糖　70g

にんじんをたっぷり入れたオレンジ色のケーキと、白いマスカルポーネクリームの取り合わせ。
にんじんケーキはレモンの皮と果汁を入れて、さわやかに仕上げるのがポイント。バットで焼くから手軽です。

にんじんケーキ

下準備

・レモンは皮をすりおろし、果汁は搾る。
・薄力粉、ベーキングパウダー、塩は
合わせてふるう。
・バター、卵、マスカルポーネチーズ
は室温に戻す。
・バットにオーブンシートを敷く。
・オーブンを175～180℃に予熱する。

1　にんじんは皮をむいて2cm角くら
いに切り、フードプロセッサーで攪拌
してみじん切りにする（a）。ペーパー
タオルの上に広げて水分を取る。
2　ボウルにバターを入れてハンドミ
キサーで混ぜ、グラニュー糖を2回に
分けて加えてさらに混ぜ、卵を1個ず
つ入れてその都度、よく混ぜる。
3　レモンの皮のすりおろし、水気を
絞ったにんじん、レモン果汁を加え、
ゴムベラでよく混ぜる（b）。

4　ふるっておいた粉類を2～3回に
分けてふるい入れ（c）、その都度、粉
気がなくなるまでしっかりと混ぜる。
5　バットに入れてならし（d）、175
～180℃のオーブンで40分ほど焼く。
竹串を刺して何もついてこなければ
OK。バットから出して冷ます。
6　マスカルポーネに粉糖を加えてや
わらかく練り、5のケーキにぬる（e）。
好みの大きさに切り分ける。

a

b

d

e

手作りのカスタードクリームと冷凍パイシートを使い、マフィン型で焼き上げる簡単レシピ。
クリーミーで香ばしく、サクサクッとした食感は、クセになるおいしさです。

エッグタルト

材料　直径7.5×高さ4cmの
　マフィン型4個分
カスタードクリーム（70ページ参照）
　適量
冷凍パイシート　1枚
卵黄　1個分
下準備
・アルミホイルを約20cm四方に切り、
　さらに4等分する。
・型にバターをぬり、薄力粉（分量外）
　をふって冷やす。
・オーブンを230℃に予熱する。

1　冷凍パイシートの上にマフィン型
を逆さにしておき、型の直径＋高さ分
の大きさに丸く切り取る。それぞれ型
に敷くようにつめてフォークで数カ所
穴をあける。
2　クシャクシャにしたアルミホイル
と重しをのせ、230℃のオーブンで約
15分、縁がこんがりするまで焼く（a）。
アルミホイルと重しをはずして冷ます。
3　2にカスタードクリームを適量ず
つ入れ（b）、卵黄を溶いてハケで表面
にぬり、175℃のオーブンで20分、
表面がこんがりするまで焼く。粗熱が
取れたら型からはずす。

a

b

アフタヌーンティーのセットには、サンドイッチや焼き菓子以外に
フルーティーなものがあるとうれしいですね。
冷蔵庫で冷やしておき、高さのあるガラス器に盛りつけるときれい。

フルーツマリネ

材料　作りやすい分量
メロン、びわ、アメリカンチェリー
　各適量
グラニュー糖、水　各適量

1　メロンは皮と種の部分を除いて一
口大に切り、びわは皮をむいて縦半分
に切り、種を取る。
2　鍋にグラニュー糖と水を2対5の
割合で入れて火にかけ、グラニュー糖
が溶けたら火を止め、ボウルに移す。
3　冷めたら1とアメリカンチェリー
を加え（a）、味がなじむまで冷蔵庫に
入れる。

a

有元葉子　Yoko Arimoto

素材の持ち味を生かし、余分なものを入れない引き算の料理が人気。自分が本当によいと思える食材を使い、心と体が納得するシンプルなおいしさを追求。東京・田園調布で料理教室「cooking class」を主宰し、旬の食材を使ったコース仕立てのレッスンを行う。コースの最後には必ずデザートもつく。
www.arimotoyoko.com

アートディレクション：昭原修三　　デザイン：稙田光子
撮影：日置武晴　　スタイリング：千葉美枝子
編集：松原京子　　DTP：明昌堂　　プリンティングディレクター：栗原哲朗（図書印刷）

2023年 4 月 8 日　第1刷発行

おやつは
うちで
作るもの

著　者　有元葉子
　　　　ありもとようこ
発行者　渡辺能理夫
発行所　東京書籍株式会社
　　　　〒114-8524　東京都北区堀船 2-17-1
　　　　電話　03-5390-7531（営業）
　　　　　　　03-5390-7508（編集）
印刷・製本　図書印刷株式会社